<그리스도인이면 꼭 알아야 할 성경 지식>

창세기

제5권 예수 그리스도의 위대한 예표 요셉(37-50장)

서울솔로몬학교 성경연수원

차 례

이 책에 인용된 성경 구절은 〈한글킹제임스성경〉입니다.

제1과
이집트로 팔려 가는 꿈꾸는 자 요셉(37,38장)

『그의 형들이 그에게 말하기를 "네가 참으로 우리를 치리하겠느냐? 아니면 네가 참으로 우리를 다스리겠느냐?" 하고 그들이 그의 꿈과 그의 말로 인하여 그를 더욱 미워하였더라』(창 37:8).

요셉은 어떤 인물인가?

"요셉"(Joseph, B.C. 1748-1638)은 야곱의 열한 번째 아들(야곱의 아내 라헬의 첫 번째 아들)로서, 그 이름의 뜻은 "그가 제거하다" 또는 "그가 더할 것이다"이다(창 30:23,24). 그는 아벨, 모세, 아브라함, 이삭, 야곱처럼 양 떼를 치는 "목자"(창 37:2)였고, 밭에서 곡식단들을 부지런히 묶고 일하는 "농부"(창 37:7,8)였다. 특히 그는 "꿈꾸는 자"(창 37:5-10)였는데, 그가 꾼 꿈으로 인해 형들의 미움과 시기를 받고 이집트의 노예로 팔려 갔다. 그러나 하나님의 섭리적인 인도하심으로 파라오 다음가는 "치리자"의 위치까지 올라 이집트의 온 땅을 다스렸다(창 41:39-44). 이방 여인 "아스낫"(창 41:45)과 결혼하여 두 아들(므낫세, 에프라임)을 낳았으며(창 41:50-52), 이집트에서 110세에 죽었다(창 50:22-26).

요셉이 역사적인 실존 인물인가에 대해서는 오늘날 많은 학자들로부터 의심을 받아 왔다. 이는 요셉에 관한 역사적인 기록이 구약성경 외에는 발견되지 않기 때문이다. 그래서 성경을 믿지 않는 학자들은 요셉의 이야기를 "설화" 정도로 치부해 버린다. 그런데 2009년 9월 25일 "예루살렘 포스트"(The Jerusalem Post)에서는 "고고학자들은 이집트에서 창세기의 요셉에 대한 증거를 발견할 수 있게 되었다."라고 보도했다. 곧 이집트에서 성경에 나오는 요셉의 이름과 형상이 새겨져 보관되어 있던 동전들(coins)이 발견되었다고 보도한 것이다. 물론 이 보도의 진위에 대한 논란이 전혀 없는 것은 아니지만, 그렇다고 해서 성경의 역사적 사실성이나 "요셉의 역사성"이 부인되는 것은 아니다. 왜냐하면 성경은 역사책으로서 그 자체로도 완벽하고 오류가 없는 책이기 때문이다. 성경의 역사성 및 사실성과 과학적 증거는, 고고학 자료와 같은 외부의 증거들이 없이 성경 자체의 증거로도 충분하고 완벽한 것이다!

아버지로부터 사랑받는 요셉(37:1-4)

"요셉"은 "야곱"이 사랑했던(창 29:18-20) "라헬"이 첫 번째로 낳은 아들이요(창 30:22-24), 또 늙어서 얻은 아들이었기에(3절), 다른 열 명의 형들을 향한 사랑보다 더 많은 사랑을 아버지 야곱으로부터 받으면서 성장했다. 요셉을 그토록 많이 사랑했던 야곱은 그를 위해 "채색옷"을 지어 입히기도 했다(3절). 성경에서 "**채색옷**"은 "**왕권**"을 상징하는데, 이는 "왕"이신 예수 그리스도의 모습을 잘 예표해 준다.

사실 성경에서 "요셉"만큼 예수님을 잘 예표해 주는 인물도 없으니, 그 예표가 무려 150가지 정도나 된다. 『**너희가 모세를 믿었다면 나를 믿었으리니 이는 그가 나에 관하여 기록하였기 때문이라**』(요 5:46). 즉 창세기의 저자인 모세는 "요셉의 생애"를 통해 예수 그리스도의 모습을 그 책 안에 기록해 둔 것이다. 예를 들면, 요셉이 그의 아버지 야곱의 "사랑하는 아들"이었듯이(3절), 예수 그리스도께서도 아버지 하나님의 "사랑하는 아들"이셨다(마 17:5). 요셉이 입었던 채색옷이 "왕권"을 상징하는 것처럼, 예수 그리스도께서는 초림 당시에 "왕의 권위"가 있으셨고(마 7:29), 재림 때는 실제 "왕"으로 오셔서 철장으로 다스리시고 통치하실 것이다(계 19:15,16).

한편 요셉은 그의 형들로부터 시기와 미움을 받았는데, 이는 그가 아버지로부터 사랑을 더 많이 받았고(4절), 또한 그들의 비행을 아버지에게 고했기 때문이다(2절). 이로 인해 형들은 요셉을 미워했고, 그에게 말도 온순하게 하지 않았다(4절). 이런 부분 역시 예수 그리스도의 예표로서, 초림 당시 주님께서도 『**세상에 관하여 그 일들이 악하다고 증거**』(요 7:7)하심으로써 그분의 형제들이자 백성들로부터 미움을 받으셨다. 이와 관련하여 요한복음 15:25에서는 『**그러나 이는 그들이 자기들의 율법에 기록된 '그들이 나를 까닭없이 미워하였다.'고 한 그 말을 이루려 함이라.**』라고 말씀한다.

꿈을 꾸는 요셉(37:5-11)

<u>어느 날 요셉은 "두 가지 꿈"을 꾸었고, 그 내용을 형들에게 이야기했다</u>. 첫 번째 꿈은 "형들의 곡식단들"이 둘러서서 똑바로 서 있는 "요셉의 곡식단"에 경의를 표하는 꿈이었고(7절), 두 번째 꿈은 해와 달과 열한 개의 별들이 요셉에게 경의를 표하는 꿈이었다(9절). 10절의 해석에 따르면, "해"는 "야곱"이고, "달"은 "라헬"이며, "열한 개의 별들"은 요셉의 "형제들"이다. 허풍처럼 보이는

◈ 예수 그리스도의 모습을 보여 주는 140가지 예표 ◈

1. 양을 치는 목자(창 37:2 vs. 요 10:1-19)
2. 우리와 함께하시는 하나님(창 37:2 vs. 마 1:23 - "임마누엘")
3. 세상에 관하여 악하다고 증거하는 분(창 37:2 vs. 요 7:7)

이 꿈들로 인해 형들은 요셉을 더욱 "미워하고 시기했다"(5,11절). 특히 두 번째 꿈에 대해서는 "야곱"마저 꾸짖긴 했지만, 그는 요셉의 말에 주목했다(11절).

"시기"는 죄 중의 죄, 즉 "죄의 뿌리"(원죄)라고 말할 수 있다. 이 "죄"는 창세기 1:1 이전인 영광만이 가득 찼던 때에 "루시퍼"(사탄)를 통해 등장한(사 14:12-15) 이래로, 인류의 역사 속에서 인간들을 계속 괴롭혀 왔다. 카인은 시기로 인해 아벨을 살해했고, 사울도 시기 때문에 다윗을 죽이려 했다. 라헬도 자기 언니 레아를 시기했다. 헤롯 역시 유대인의 왕으로 태어나신 분을 시기하여 죽이려 했고, 빌라도는 유대인들이 예수 그리스도를 시기해서 재판에 넘겼다는 것을 알고 있었다. 스테판을 돌로 친 것도 시기 때문이었고, 바울을 돌로 친 것도 시기 때문이었다. 바르게 보존된 성경이 나온 이후로 등장한 모든 성서들 역시 그 배후에는 바로 이 "시기심"이 도사리고 있다.

"첫 번째 꿈"은 요셉이 이집트에서 파라오 다음가는 치리자가 되었을 때, "문자 그대로" 정확하게 성취되었다. **『유다와 그의 형제들이 요셉의 집에 도착하니 요셉이 아직 거기에 있음이라. 그들이 요셉 앞에서 땅에 엎드리더라』**(창 44:14).

"두 번째 꿈"은 요셉의 생애에서 문자 그대로 성취되

4. 아버지로부터 사랑받는 아들(창 37:3 vs. 마 17:5) *총애하는 아들(눅 2:52)
5. 왕권(창 37:3 vs. 계 19:15,16)
6. 형제들로부터 미움을 받음(창 37:4 vs. 요 15:24,25)
7. 온순한 말을 듣지 못함(창 37:4 vs. 요 15:24,25)

지 않았다. 야곱과 라헬이 요셉에게 절을 한 적이 없기 때문이다. 한편 이 꿈은 요셉이 "예수 그리스도의 예표"라는 측면에서 장차 재림 때 성취된다고 볼 수 있는데, 그날에 이 땅에 세워질 천년왕국에서 "이방의 왕들"이 왕이신 주 예수 그리스도께 경의를 표하며 두려움과 떨림으로 엎드려서 섬길 것이기 때문이다(시 2:6,9-12).

특히 요한계시록 12:1에서는 "해로 옷 입고, 달이 발밑에 있으며, 열두 별이 있는 면류관을 머리에 쓴 한 여인"이 등장한다. "**이 여인이 누구인가?**" 로마카톨릭은 이 여인을 "마리아"라고 했고, 존 칼빈은 "교회"로 해석했다. 그들 모두 틀렸다! 이 여인은 "요셉의 두 번째 꿈"과 비교해 보면 "이스라엘"임을 분명히 알 수 있는데, 교회의 휴거 이후 이 땅에 남아 『**야곱의 고난의 때**』(렘 30:7), 곧 "**환란 시대를 통과하게 될 이스라엘**"인 것이다. 다만 별의 개수가 "열한 개"가 아니라 "열두 개"인 이유는, 환란 시대에 "요셉"이 열두 지파 중 한 지파로 등장하기 때문이다(계 7:8).

이집트로 팔려 가는 요셉(37:12-36)

꿈을 꾸는 요셉에게 시련과 어려움이 찾아온다. "헤브론"에 있던 야곱은 "세

8. 어떤 말로 인해 더욱 미움을 받음(창 37:5,8 vs. 요 15:24,25)
9. 모든 무릎이 꿇게 됨(창 37:7; 41:43 vs. 빌 2:6-12)
10. 통치를 원치 않는 백성들(창 37:8,10 vs. 눅 19:14)
11. 백성들로부터 경의를 받음(창 37:9; 42:6; 43:26,28; 44:14; 50:18 vs. 시 2:12, 마 28:17)

켐"에서 양 떼를 치고 있는 형들이 잘 있고, 또 양들도 잘 있는지 알아보게 하려고 "요셉"을 보냈다(12-14절). 『**이스라엘이 요셉에게 말하기를 "네 형들이 세켐에서 양떼를 치지 않느냐? 오라, 내가 너를 그들에게 보내리라." 하니, 그가 아비에게 말하기를 "내가 여기 있나이다." 하더라**』(13절). 이것은 마치 초림 당시 예수 그리스도께서 『**자기 백성**』(마 1:21, 눅 7:16, 요 1:11)이신 이스라엘 민족에게 보냄을 받으신 것과 같다. 특히 창세기 37:15,16에서는 요셉이 그의 형제들을 찾아다니는 모습이 나오는데, 이것은 "잃어버린 양을 찾아다니시는 목자"(마 15:24, 눅 19:10) 예수 그리스도의 모습을 잘 예표해 준다.

요셉은 어떤 사람의 안내로 형들을 찾아 "도단"으로 갔지만(17절), 그가 오는 것을 본 형들은 그를 죽이기로 공모했다. 『**요셉이 그들에게 가까이 오기 전에, 그들은 요셉을 멀리서 보고 그를 죽이기로 공모하며**』(18절). 이것 역시 예수 그리스도를 잘 예표해 주는데, 이와 연관된 비유가 누가복음 20:13,14에 잘 제시되어 있다. 『**그때 포도원 주인이 말하기를 '내가 어찌할까? 내가 내 사랑하는 아들을 보내리라. 그들이 그를 보면 존중하리라.'고 하더라. 그러나 그 농부들이 그를 보고 의논하여 말하기를 '이 사람은 상속자니, 자, 그를 죽이자. 그러면 그 유산이 우리 것이 되리라.'고 하더라.**』 성경에서 "아버지의 재산을 관리하는 자들"(요셉의 형들, 유대인들)이 "아버지의 사랑하는 아들"(요셉, 예수 그리스도)이 그들에게 오는 것을 보고 죽이기로 음모를 꾸미는 이야기가 "단 두 곳"에서만 등장하는데, 하나는 "요셉"이고, 또 다른 하나는 "예수 그리스도"이시다.

12. 백성들로부터 시기를 받음(창 37:11 vs. 막 15:10)
13. 주님에 관한 말에 주목함(창 37:11 vs. 눅 2:51)
14. 아버지로부터 자기 백성에게로 보냄을 받음(창 37:13; 45:5,7,8 vs. 요 1:11,12; 17:18)
15. 아버지께 순종함(창 37:13 vs. 히 10:7)

요셉을 죽이기로 공모한 형들은 그의 죽음에 대해 거짓말을 꾸미려고 했는데, 자기들이 죽여 놓고서는 "악한 짐승"에게 잡아먹혔다고 거짓말을 하려 했고, 또한 그 결과 요셉의 꿈이 어떻게 되는지 지켜보려 했던 것이다(19,20절). 바로 그때 야곱의 장자인 "르우벤"이 나서서 요셉을 구해 내어 아버지께로 돌려보내려고 했다(21,22절, cf. 요한복음 7:50,51의 "니고데모"와 비교해 볼 것). 그러나 르우벤이 다른 일을 보고 돌아오는 사이에(29,30절), 요셉은 미디안 상인들과 동행하고 있던 "이스므엘인들"에게 은 20개에 팔리고 말았다(28절).

요셉이 왔을 때, 형들은 그가 입은 채색옷을 벗겼고(23절), 물이 없는 마른 구덩이 속으로 그를 던져 넣었다(24절). 참으로 안타까운 장면이 벌어졌다. 어린 요셉은 형들에게 살려 달라고 애원했을 것이다. 하지만 형들은 동생의 간절한 애원에도 불구하고 음식을 먹으려고 앉았다가 눈을 들어 길르앗에서부터 오는 "이스므엘인들"의 무리를 보고는 요셉을 죽이는 대신 그들에게 팔아넘기기로 했다(25-27절). <u>**이러한 장면은 초림 당시 예수 그리스도께서 십자가에 달리셨을 때의 상황을 연상하게 한다**</u>. 우선 예수님께서는 채색옷이 벗겨진 요셉처럼 옷이 벗겨지셨고(마 27:28), 물이 없는 구덩이에 던져진 요셉처럼 목이 마르셨다(요 19:28). 또한 형들이 요셉을 구덩이에 던져두고 앉아 있었던 것처럼 예수님을 십자가에 못 박은 자들도 거기에 앉아 있었다(마 27:36).

<u>**결국 요셉은 "은 20개"에 팔렸다**</u>(28절). 본래 노예의 한 명 값은 "은 30개"였

16. 잃어버린 양들을 찾으심(창 37:16 vs. 눅 19:10, 마 15:24)
17. 잃어버린 양들을 찾았음(창 37:17 vs. 눅 15:6; 19:9)
18. 그분을 죽이기로 공모함(창 37:18 vs. 마 12:14, 막 3:6, 요 11:53, 눅 20:13,14)
19. 그분의 죽음에 대해 거짓말을 하려 함(창 37:20 vs. 마 27:25, 행 5:28)

다(출 21:32). 그러나 5세에서 20세까지의 "노예 소년" 한 명 값은 "은 20개"였다(레 27:5). 당시 요셉은 나이가 약 17세였기에 은 20개에 팔렸다. 한편 약 33세이셨던 예수님께서는 "은 30개"에 팔리셨다. 『**내가 그들에게 말하기를 "너희가 좋게 생각한다면 내 값을 내게 쳐주고, 그렇지 아니하거든 그만두라." 하였더니, 그들이 내 값으로 은 삼십 개를 달았느니라**』(슥 11:12). 『**말하기를 "내가 그를 당신들에게 넘겨주리니, 나에게 무엇을 주겠나이까?"라고 하니, 그들이 은 삼십 개로 그와 약정하더라**』(마 26:15). 말하자면 예수님께서는 "노예 한 명 값"으로, 특히 "여종 한 명 값"으로 팔리신 것이다. 『**너의 정한 값은, 이십 세부터 육십 세까지의 남자면, 너의 정한 값은 성소의 세겔로 은 오십 세겔이 될 것이며, 만일 여자면, 너의 정한 값은 삼십 세겔이 될 것이니라**』(레 27:3,4).

형들은 요셉을 이스므엘인들에게 팔아넘겼다. "이스므엘인들"은 "이스마엘인들," 곧 이스마엘의 후손들인 "아랍인"들로서, 당시 그들은 길르앗으로부터 요단강을 건너 "해변 길"(Via Maris)을 통해 이집트로 내려가는 길이었고, 중간에 "미디안 상인들"(28절)이 그들에게 합류했다. 이 아랍인들은 돈을 주고 산 요셉을 이집트로 데려갔고, 파라오의 경호 대장 "포티발"에게 팔아넘겼다(36절). 한편 형들은 들에서 주워 왔다는 듯이 죽은 염소 새끼의 피 묻은 "요셉의 옷"을 아버지 야곱에게 보여 주었다(31-33절). 이를 본 야곱은 요셉이 악한 짐승에게 찢겨 죽은 것으로 여겨 몹시 슬퍼했는데, 그 슬픔이 상당히 컸다(34,35절).

"창세기 38장"에서는 잠시 요셉에 관한 내용이 보류되고, 야곱의 네 번째 아들(창 29:35) "유다"에 관한 이야기가 나온다. 유다는 가나안 여인과 결혼하여 세 명의 아들들, 곧 "엘"과 "오난"과 "셀라"를 낳았고(1-5절), 유다는 첫째 아들 "엘"을 위해 며느리 "타말"을 얻었다(6절). "타말"은 그 이름의 뜻이 "종려나무"이고, 성경에서 첫 번째로 언급되는 "창녀"였다. 두 번째로 언급되는 "창녀"는 "라합"인데, 그녀는 "종려나무 성읍"이라 불리는 여리고에서 살았었다.
한편 하나님께서는 악을 행한 "엘"과 둘째 아들 "오난"을 죽이셨다(7-10절). 막내아들 "셀라"가 있었지만, 아직 어렸다. 그래서 타말은 셀라가 자랄 때까지 그녀의 아버지 집으로 돌아가야 했다(11절). 그러나 유다는 셀라가 장성했음에도 불구하고 "셀라까지 죽을까 봐" 염려되어 타말을 그에게 주지 않았는데, 이에 타말은 창녀로 변장하여 유다에게로 들어갔고, 그 결과 쌍둥이 "파레스"와 "사라"를 낳게 되었다(12-30절). 타말이 낳은 두 아들 중 "사라"의 손에, 먼저 나왔다는 증표로 산파가 "주홍색 실"을 묶어 두었는데, 흥미롭게도 창녀 라합은 여리코 성읍이 멸망할 때 그녀와 그녀의 가족을 구원할 "진실한 증표"를 위해 창문에 "주홍색 줄"을 매어 두어야 했다(수 2:12-14,17-21). 또한 타말과 라합, 이 두 여인은 모두 메시아의 계보에 들어가게 되는 영예를 얻었다(마 1:3,5).

■ 새롭게 깨달았거나 적용할 내용이 있다면 적어 보세요. ■

제1과
복습문제

1. 성경에서 (　　　　　　)만큼 예수님을 잘 예표해 주는 인물도 없으니, 그 예표가 무려 150가지 정도나 된다.

2. 성경에서 "채색옷"은 (　　　　　　)을 상징한다.

3. "해로 옷 입고, 달이 발밑에 있으며, 열두 별이 있는 면류관을 머리에 쓴 한 여인"(계 12:1)은 "요셉의 꿈"과 비교해 볼 때 "마리아"를 상징하는 것이 분명하다. (O , X)

4. 『너희가 (　　　　　　)를 믿었다면 나를 믿었으리니 이는 그가 나에 관하여 기록하였기 때문이라. 그러나 만일 너희가 그의 글들을 믿지 않는다면 어떻게 나의 말들을 믿겠느냐?"고 하시니라』(요 5:46,47).

5. 요셉이 "은 20개"에 팔린 것과 예수님께서 "은 30개"에 팔린 것 사이에는 아무 연관성도 찾을 수 없다. 왜냐하면 팔린 금액이 서로 다르기 때문이다. (O , X)

■ 복습 문제의 정답은 홈페이지(www.solomonbtc.org)에서 확인할 수 있습니다.

NOTES

제2과
시련을 당하는 요셉
(39,40장)

『그리하여 요셉의 주인이 그를 잡아 감옥에다 넣으니 그곳은 왕의 죄수들을 가두는 곳이었더라. 그가 거기 감옥에 갇혔더라』(창 39:20).

13년 동안의 시련

이제 요셉은 약 13년 동안 시련을 통과하게 된다(창 37:2; 41:46). 비록 지금은 견디기 힘들지만, 나중에는 이 모든 시련이 그의 모든 가족의 생명을 보존하시기 위한 하나님의 섭리적 조치였음을 깨닫게 된다(창 45:4-8; 50:19-21).

한편 진정한 "인내"를 배우기 원한다면 반드시 "욥기"를 읽어야 한다. 성경에서 마음이 극도로 억눌릴 만큼 가장 극심한 절망에 빠질 수밖에 없었던 한 사람을 꼽는다면 단연 욥일 것이다. 그는 자신의 죄로 인한 것도 아니었고, 오직 사탄의 키질로 인해 엄청난 시련을 겪어야 했던 사람이다. 욥이 당했던 고난은 생각이나 호흡을 잠시나마 가다듬을 만한 어떤 겨를도 없이 2중, 3중으로 갑작스럽게 들이닥친 재앙이었다. 가축들이 약탈당하고 종들이 죽고, 심지어 열 명의 자식들이 모두 목숨을 잃을 때까지 오랜 시간이 걸린 것이 아니었다. 이 모든 재앙은 한순간에 급격하게 불어 닥친 것들이었다. 그뿐만 아니라 자신의 몸은 심한 종기를 앓게 되고, 곁에서 이 모든 것을 지켜보았던 아내는 그에게 하나님을 저주하고 죽으라고까지 말했다. 심지어 그를 위로하려고 찾아왔던 친구들은 절망적인 마음을 더 후비고 도려내기만 하는 형편없는 위로자들이었다.

무엇보다도 그의 유일한 피난처이신 하나님께서는 그를 향해 얼굴을 가리고 계신 것만 같았다. 그런 절망적이고 답답한 상황에 부닥쳤던 욥과 비교해 볼 때, 현재 우리가 직면하는 위협들로 인해 좌절하거나 낙심해 있다는 사실이 어쩌면 배부른 소리일지도 모른다. 더군다나 욥은 자신을 그렇게 다루시는 하나님에 대해 원망하거나 저주하지 않았고 어리석게 하나님을 탓하지도 않았다. 오히려 이런 강력한 소망이 있었다. 『이는 나의 구속주가 살아 계시고 훗날 그가 땅에 서실 것임을 내가 앎이라. 내 피부의 벌레들이 이 몸을 멸한 뒤에라도 내가 내 몸을 입고 하나님을 보리라』(욥 19:25,26).

감옥에 갇힌 요셉(39:1-23)

비록 요셉이 첫 번째 시련으로 형들로부터 버림을 받고 이집트에 종으로 팔려 왔지만, 하나님께서는 그를 형통하고 번성하게 하셨다(1,2절). 그래서 그의 주인 포티발이 요셉을 자기 집 관리인으로 세웠고(3,4절), 이에 하나님께서는 요셉이 관리인으로 세워진 이후로 포티발의 집에 복을 내리셨다. **『그가 요셉을 자기 집과 그가 소유한 모든 것을 관리하는 관리인으로 세운 때부터 주께서 요셉으로 인하여 그 이집트인의 집에 복 주시니, 주의 복이 그의 집과 들에 있는 모든 소유 위에 임하더라』**(5절).

주께서 요셉으로 인하여 그 이집트인의 집에 복 주시니』(5절). 이 표현은 왜 사도행전 27장에서 바울과 함께 배에 탔던 사람들이 죽지 않고 살게 되었는지를 설명해 준다. 또한 오늘날 소돔과 고모라 같은 미국이 왜 아직 가라앉지 않고 있는지도 설명해 준다. 하나님께서는 때때로 구원받지 않은 죄인들을 구원받은 성도들로 인하여 보호해 주기도 하신다. 사도행전 27장에서 풍랑이 치는 배 안에 있던 모든 사람은 "한 사람"(성경대로 믿는 설교자)에게 그들의 생명을 빚진 것이다. 하나님께서 죄 많은 미국을 아직 놔두시는 유일한 이유는, 반카톨릭이며 친이스라엘적인, 소수의 성경대로 믿는 사람들 때문이다. 이들이 아니었으면 미국은 50년 전에 벌써 멸망해 버렸을 것이다(피터 S. 럭크만).

그런데 요셉에게 또 한 번의 시련이 닥쳤다. 당시 요셉은 그의 죽은 모친(라헬, 창 29:17)을 닮아 용모가 매우 수려하고 잘 생긴 청년이었는데(6절), "포티발의 아내"가 그에게 눈길을 보내며 유혹한 것이다(7절). 이렇듯 요셉에게도 "시험의 때"가 왔다. 그러나 그는 "르우벤"(창 49:14)이나 "유다"(창 38:15-23)처럼 실패하지 않았고 마귀의 유혹과 시험을 잘 통과했다.

요셉은 "죄를 짓는 것"이 "하나님께 짓는 것"임을 잘 알고 있었다. 『**이 집에 나보다 더 큰 사람은 없으며 당신말고는 나에게 아무것도 금한 것이 없으니 이는 당신이 그의 아내임이라. 그런데 내가 어찌 이 큰 악을 행하여 하나님께 죄를 지으리이까?**』(9절). 〈코란〉은 "죄"가 "자기 자신에게 짓는 것"이라고 주장하지만, "죄"는 기본적으로 자신이나 상대방보다는 "**하나님께 짓는 것**"이다. 『**참으로 내가 이스라엘의 주 하나님께 죄를 지어 내가 이렇게 행하였나이다**』(수

20. 그분에 관한 미래의 예언을 인위적으로 바꾸려고 함(창 37:20 vs. 마 27:49)
21. 그분을 돕기 위해 변호하는 존재가 있음(창 37:21,22 vs. 요 7:50,51)
22. 백성들에게 오셨으나 거절당하심(창 37:23,24 vs. 요 1:11)
23. 옷이 벗겨지심(창 37:23 vs. 마 27:28)

7:20, 저주받은 물건을 몰래 취한 "아칸"의 고백). 『**주, 주만을 거역하여 내가 죄를 지었으며 주의 목전에서 이 악한 행실을 행하였으니 주께서 말씀하실 때에 의롭게 되시고 주께서 판단하실 때에 순전하시리이다**』(시 51:4, 밧세바와 간음하고 우리아를 죽인 "다윗"의 고백). 『**아버지여, 내가 하늘을 거역하여 아버지 앞에 죄를 지었나이다**』(눅 15:18, 탕자로서 방탕하게 살았던 "작은아들"의 고백). **하나님을 거역하여 죄를 짓기를 원치 않았던 요셉은 포티발의 아내를 멀리했다**. 이에 그녀는 집요하게 "날마다" 요셉을 유혹했다. 하지만 요셉은 전혀 요동하지 않았다(10절). 반면에 삼손은 집요한 유혹에 요동했으니, 데릴라가 "날마다" 조르고 사정하자(판 16:16) 괴로워하던 삼손이 자신의 힘의 비밀을 그녀에게 털어놓고 만 것이다(17절).

한번 목덜미를 문 임팔라를, 그가 살려고 발버둥 친다고 해서 순순히 놓아주는 사자는 없다. 아예 숨통을 끊어 놓기 위해 더 강하게 문다. 어떤 특정한 죄의 미끼를 문 성도를 사탄은 순순히 풀어 주지 않는다. 거기에는 어떤 동정심도, 배려도 없다. 하나님의 자녀들이 완벽하게 걸려들 때까지 집요하게 미혹하고, 일단 걸려들면 맥을 못 출 때까지 집요하게 잡아당기고 끌어내리는 것이다.

죄는 결코 구원받은 성도들을 포기하지 않는다. 포기한다면 그것은 이미 죄가 아니다. 그러면 어떻게 해야 하는가? 죄가 포기하지 않는다면, 우리 자신이 죄를 포기해야 한다. 이 악한 현 세상에서 죄를 포기하기란 쉬운 일이 아니다. 죄를 포기하기가 쉽지 않다는 것은 "육신이 강하다"는 것을 의미한다. 그래서 정욕을 불일 듯 강하게 일으키는 육신을 "죽은 것"으로 여겨야 한다(롬 6:11). 『**그리스도께 속한 사람들은 육신을 그 욕정과 정욕과 함께 십자가에 못박았느니라**』(갈 5:24). "죽은 것은 반응하지 않는다!" 따라서 육신을 죽은 것으로 여겨야만 육신이 요구하는 것, 곧 죄를 과감히 거절할 수 있다. 더 나아가 주 하나님께는 산 자로 여겨야 한다. 그렇게 해야 자신의 몸을 죄를 짓는 일에 사용하지 않고, 주님을 위해 의의 병기로 드릴 수 있는 것이다(롬 6:12,13).

죄는 절대로 죽지 않았다. 여전히 왕성하게 활동하고 있다. 죄가 포기할 것이라는 생각은 아예 접어라. 그런 일은 절대로 일어나지 않는다. 당신이 죄를 포기하는 것이 더 빠르다.

요셉은 삼손과 달랐다! 그러나 문제가 터지고 말았으니, 일을 보려고 집으로 들어갔을 때 포티발의 아내가 요셉과 동침하기 위해 그의 옷을 붙잡고 늘어진 것이다. **결국 요셉은 그녀에게서 도망쳐 빠져나왔다**(12절). "**이렇듯 죄는 피해야 한다**." 마귀는 도망가지 말고 대적해야(약 4:7, 벧전 5:9) 하지만, 죄는 피해야 한다. 죄를 지을 수 있는 환경에서 벗어나야 한다. 특히 스스로 그런 환경을 만들어서는 안 된다. 아무리 신실한 성도라 할지라도 죄를 지을 수 있는 환경에 계속 노출되면 죄를 짓기 십상이다. 이 모든 일이 집안에 알려졌고 포티발이 돌아왔을 때 그의 아내는 요셉을 중상모략했다(13-19절). **결국 요셉은 감옥에 갇힘으로써 더 큰 시련에 직면하고 말았다**(20절). 하지만 하나님께서는 그곳 감옥에서도 요셉에게 은총을 베푸셨고, 이에 간수는 감옥에 있는 모든 죄수를 요셉에게 맡기기까지 했다(21-23절).

24. 물을 거부하심(창 37:24 vs. 출 12:9)
25. 사람들이 앉아서 지켜봄(창 37:25 vs. 마 27:36)
26. 그분께 바쳐진 세 가지 예물이 있음(창 37:25 vs. 마 2:11)
27. 그분을 파는 일에 있어서 주동자는 유다라는 이름을 가진 인물임(창 37:26,27 vs. 마 27:3)

꿈을 해석하는 요셉(40:1-23)

<u>요셉이 감옥에 갇힐 즈음, 파라오의 "술 맡은 책임자"와 "빵 굽는 책임자"가 죄를 범하여 감옥으로 들어왔다</u>(1-4절). 이 장면 역시 예수 그리스도의 위대한 예표가 되는데, 죄가 없었던 요셉이 두 명의 범죄자와 더불어 죄인 취급을 받았듯이, 죄 없으신 예수 그리스도께서도 양옆에 달린 두 강도와 더불어 죄인 취급을 받으셨다(사 53:12). 특히 한 강도는 저주하면서 죄 가운데 죽었고 다른 한 강도는 회개하며 구원받은 것처럼, 요셉과 함께 갇혀 있던 한 죄수는 본래의 직분으로 회복되었고 다른 죄수는 복권되지 못한 채 나무에 매달려 죽임을 당했다.

<u>한편 두 관원은 꿈을 꾸었는데, 꿈꾸는 자 요셉이 이 꿈들을 해석해 주었다</u>(5-8절). **『그들이 그에게 말하기를 "우리가 꿈을 꾸었으나, 그 꿈을 해석할 자가 없도다." 하니, 요셉이 그들에게 말하기를 "해석들은 하나님께 속하지 아니하나이까? 내가 당신들에게 청하오니 내게 이야기하소서." 하더라』**(8절). "해석은 하나님께 속한 것이다!" 특히 "성경 해석"이 그렇다. **『오직 하늘에 계신 하나님뿐이시니, 그 분은 은밀한 것을 나타내시며』**(단 2:28). **『그때 그들의 지각을 열어 성경을 깨닫게 하시더라』**(눅 24:45). **『그러나 진리의 영이신 그분이 오시면 너희를 모든 진리로 인도하시리라. 그분은 자신에 관하여 말씀하지 아니하시며, 무엇이나 들은 것을 말씀하실 것이요, 또 너희에게 다가올 일들을 알려 주시리라』**(요 16:13).

▪ 해석은 하나님께 속해 있다! ▪

[피터 럭크만의 주석서 〈창세기 II〉 pp.282,283에서 발췌]

1. 인간은 사실을 직시하고자 할 때만(신 18:21) 주님께서 무엇을 말씀하셨는지 알 수 있다.

2. 하나님께서는 그분을 두려워하는 사람에게 비밀들을 계시하신다(신 29:29, 시 25:14).
3. 하나님께서는 그분의 말씀들이 의미하는 바를 믿을 수 없다는 이유만으로 분명한 말씀들을 거부하는 소위 "학식 있는 자들"에게 아무것도 보여 주시지 않는다(사 29:12,13).
4. 하나님께서는 "어린아이들"에게 가장 위대한 진리들을 계시하신다(사 28:9, 눅 10:21).
5. 로마카톨릭과 사제 및 교황 등은 미래와 관련한 그 어떤 것도 해석할 수 없다(벧후 2:20,21). 이는 하나님께서 앞으로 있을 "이스라엘의 회복"(단 2:10,23,28)에 관한 교리를 거부하는 사람들에게 "예언적 진리들"을 결코 계시해 주시지 않기 때문이다.
6. 지식, 학력, 두뇌, 지적 능력, 사고력, 재치 등 그 어떤 것도 미래의 계시를 이해하는 것과는 아무런 관련이 없다(단 2:30, 벧전 1:12).
7. "예수의 증거는 예언의 영"이다(계 19:10). 따라서 주님께서는 제사장들이 아닌 선지자들에게(암 3:7) 그분의 비밀을 계시해 주신다.
8. 가장 위대한 헬라어나 히브리어 학자라 할지라도 그가 "성경해석자"로서의 성령 하나님을 어휘집과 지식으로 공격하려고 한다면, 성령님께서 가장 평범한 그리스도인에게 성경을 성경으로 비교하여(고전 2:13) 계시해 주신 진리를 절대로 확인할 수도 없고, 확신할 수도 없으며, 깨달을 수도 없다(고전 2:10-15, 눅 24:5).
9. "세대주의자"가 아닌 사람은 하나님의 말씀을 그 어떤 논리적인 방식으로도 설명할 수 없다. 왜냐하면 하나님의 말씀은 마땅히 올바르게 나누어지고 구분되어야 할 합당한 구분들이 있고, 또 그러한 구분들은 반드시 존중되어야만 하기 때문이다(딤후 2:15).

"**술 맡은 책임자의 꿈**"(9-11절)을 보면, "포도나무"에 "세 개의 가지"가 있고, 그 가지들에 열린 포도송이로부터 포도를 따서 "파라오의 잔"에 즙을 짠 뒤 파라오에게 잔을 바치는 꿈이었다. 이 꿈은 요셉을 통해 해석되는데(12,13절), "세 개의 가지"는 "3일"로서, 3일 안에 파라오가 술 맡은 책임자의 자리를 회복시킨다는 내용이었다. 꿈의 내용이 매우 긍정적이었다!

이에 반해 "**빵 굽는 책임자의 꿈**"(16,17절)은 매우 부정적이었는데, "세 개의 광주리" 안에 파라오를 위해 구운 음식이 들어 있었으나 "새들"이 먹어 버린 것이다. 이 꿈 역시 요셉을 통해 해석되었으니(18,19절), "세 개의 광주리"는 "3일"로서 3일 안에 파라오가 그의 머리를 끊어서 나무에 매달 것이고 새들이 그의 살을 뜯어 먹을 것이라는 내용이었다.

두 관원의 꿈은 결국 요셉의 해석대로 이루어졌는데, 술 맡은 책임자는 원래의 직위로 복권되었고, 빵 굽는 책임자는 교수형을 당한 것이다(20-22절). 한편 요셉은 술 맡은 책임자에게 일이 잘되거든 자신을 나가게 해 달라고 부탁했으나(14,15절), "인간은 은혜를 쉽게 망각하는 법," 그는 곧 요셉을 잊어버렸고 그를 감옥에 내버려 두고 말았다(23절). 그 이후로 요셉의 시련은 2년 더 계속되었다(창 41:1).

28. 은 삼십 개에 팔리심(창 37:28 vs. 마 26:15)
29. 이집트로 내려가심(창 37:28 vs. 마 2:14,15)
30. 아들의 죽음으로 인해 슬픔에 잠기신 아버지(창 37:34,35 vs. 눅 23:44)
31. 음부로 내려가신 분(창 37:35 vs. 마 12:40, 엡 4:9)
32. 이스라엘을 형제로 갖고 있는 아들
33. 팔레스타인 땅에서 사랑받는 아들
34. 하나님께서 함께하심(창 39:2,21,23 vs. 행 10:38)
35. 하나님께서 함께하시는 것을 사람들이 보았음(창 39:3 vs. 요 10:40,41)

창세기 40장에서 주목할 만한 요소 두 재료가 나오는데, 바로 주의 만찬에서도 사용되는 "빵"과 "새 포도주"(포도즙)이다. 또한 요셉과 함께 갇혀 있던 한 죄수가 3일 후에 회복된 것처럼(13절), 십자가 위에서 죽은 그 회개한 강도는 십자가 사건이 일어난 지 3일 만에 예수 그리스도와 함께 영광으로 들어갔다. 한 명의 죄수가 나무에 달려 죽었듯이(19절), 구원받지 못한 강도 역시 나무에 달려 죽었다. 어떠한 이성적인 설명으로도 이런 것들을 설명할 수 없다. 통계학적인 개연성으로 설명한다면 이러한 "우연의 일치들"은 결코 일어날 수 없다. 하지만 성경에서는 분명하게 일어났다! 이런 현상은 지구상에서 오직 한 권의 책, 곧 성경에서만 발견할 수 있다.

■ 새롭게 깨달았거나 적용할 내용이 있다면 적어 보세요. ■

제2과
복습문제

1. 인간이 죄를 짓는 것은 (   )께 죄를 짓는 것이다.

2. 어떻게 해서든지 죄는 피해서는 안 되고 마귀를 대적하듯이 정면으로 부딪쳐 극복해야 한다. (O , X)

3. 『요셉이 자기 주인 집의 감방에 자기와 함께 갇혀 있는 파라오의 관리들에게 물어 말하기를 "어찌하여 오늘은 그처럼 슬퍼 보이나이까?" 하니, 그들이 그에게 말하기를 "우리가 꿈을 꾸었으나, 그 꿈을 해석할 자가 없도다." 하니, 요셉이 그들에게 말하기를 "해석들은 (   )께 속하지 아니하나이까? 내가 당신들에게 청하오니 내게 이야기하소서." 하더라』(창 40:7,8).

4. 술 맡은 책임자의 꿈의 "세 개의 가지"와 빵 맡은 책임자의 꿈의 "세 개의 광주리"는 모두 (   )을 의미한다.

5. 창세기 40장에 나오는 빵과 새 포도주는 (   )에 사용되는 빵과 포도주(포도즙)을 잘 예표해 준다.

■ 복습 문제의 정답은 홈페이지(www.solomonbtc.org)에서 확인할 수 있습니다.

NOTES

제3과

하나님의 복을 받고 총리가 되는 요셉(41-43장)

『요셉은 그 땅의 치리자며, 그 땅의 모든 백성에게 파는 자가 바로 그였더라. 요셉의 형들이 와서 땅에다 그들의 얼굴을 대고, 그에게 절하더라』(창 42:6).

겸손한 자를 높이시는 하나님

성경의 인물들 가운데 예수 그리스도를 예표하는 주요 세 사람이 있는데, 바로 "요셉"과 "여호수아"와 "다윗"이다. 이들은 하나같이 하나님을 두려워하고 그분 앞에서 "겸손히" 행했다. 무엇보다도 예수 그리스도께서는 종의 형체를 입으시고 십자가의 죽음에까지 순종하심으로써 겸손의 본을 보여 주셨다(빌 2:6-9). 야곱이 사랑하는 라헬의 첫아들로 태어난 요셉은 이복형들의 시기로 인해 종으로 팔렸다. 그리고 말할 수 없는 긴 고통의 세월을 견뎌 내야 했지만, 결국 하나님의 섭리적인 인도하심에 따라 이집트를 다스리는 치리자의 특권을 누리게 된다.

이후 파라오의 꿈대로 기근이 닥치자 식량을 구하러 온 형들은 그를 알아보지 못했다. 하지만 그들을 점진적으로 올바른 길로 인도했고, 심지어 요셉에게 주어진 복들을 그들이 향유하도록 자비를 베풀었다. 자신을 종으로 팔아넘긴 형들을 책망하지 않았고, 오히려 그 모든 것이 하나님 섭리와 은혜임을 시인하면서 하나님께 영광을 돌렸다. 요셉이 하나님을 두려워하고 겸손한 자세를 취했을 때 높임을 받았듯이(잠 15:33; 18:12, 삼하 22:36), 거듭난 성도들도 자신에게 허락된 고난 속에서 스스로 겸손해지면 그 고난이 자신을 높이시는 하나님의 최상의 은혜가 된다는 사실을 기억해야 한다. 자신을 위해 마련된 불같은 시련을 불평과 원망으로 걷어차는 어리석은 일이 결코 없어야 할 것이다.

하나님의 섭리적인 인도하심(창 41:1-37)

1. 믿음으로 인내한 요셉

요셉은 형들에 의해 종으로 팔려간 것도 억울할 텐데, 포티발의 아내의 모함으로 옥에 갇히는 신세가 되고 말았다(39장). 더욱이 그곳에서 3일 뒤에 풀려나게 되는 꿈을 꾼 "술 맡은 책임자"에게 기대했던 친절마저도 물거품이 되고 말았다(40장). 술 맡은 책임자는 그의 직위가 회복되었으나, 요셉과의 약속을 잊은 것이다. 그렇게 아무런 기별도 없이 만 이 년이 지나고 요셉의 나이 30세가 되었다(41:46). 계속되는 인간들의 배신 속에서도 오직 하나님만을 신뢰하며 인내로 견뎌 온 그에게 이제 "하나님의 은혜의 역사"가 이루어질 시간이 다가왔다(히 12:3).

2. 파라오의 꿈과 요셉의 천거

"<u>흉하게 생기고 야윈 암소 일곱 마리가 잘생기고 살진 암소 일곱 마리를 먹는 꿈</u>"과 "<u>깡마르고 동풍으로 시든 일곱 이삭이 무성하고 충실한 일곱 이삭을 삼키는 꿈</u>"을 차례로 꾼 파라오는 바빌론 왕 "느부갓넷살"처럼 자신이 꾼 꿈으로 인해 그의 영이 불안하기만 했다. 한편 파라오의 꿈을 해석해 줄 사람이 아무도 없었던 차에, "술 맡은 책임자"는 2년 전 감옥에 갇혀 있던 때에 요셉이 자기의 꿈을 해석해 준 일을 기억해 냈다(9절). 이에 그는 자신의 잘못을 시인했고, 『**그가 우리에게 해석해 준 대로 그렇게 되었으니**』(13절)라고 말하면서 요셉이야말로 파라오의 꿈을 해석할 유일한 사람임을 증거하며 그를 왕 앞으로 인도했다.

3. 꿈을 해석한 선지자 요셉

지난 십수 년간 시련과 고난 속에 있었던 요셉에게 드디어 하나님께서 일하실 때가 왔다. 그는 파라오에게 그 꿈을 해석하기에 앞서 "**그 해답이 하나님께 있다는 사실**"(16절)을 알려 줌으로써 하나님의 위대하심을 드높였다. 그 꿈을 해석하면, "7년간의 풍년이 있고 난 뒤에 그 풍년을 잊게 할 만큼의 극심한 흉년이 7년간 연이어 온다"는 것이었다. **이뿐만 아니라 요셉은 7년간의 흉년을 위한 대비책도 파라오에게 상세히 말해 주었고(33-36절), 특히 파라오가 같은 내용의 꿈을 겹쳐서 꾼 이유에 대해서는 "하나님께서 그 일을 행하시기로 확정하신 것"을 보여 주는 것이라고 알려 주었다(25,28,32절)**. 무엇보다도 그 꿈에 대한 요셉의 해석은 결코 사사로운 것이 아니었고(벧후 1:20,21), 하나님의 영을 통해 드러난 해석이었기에 그대로 이루어졌다(계 19:10).

4. "꿈과 계시"에 관한 신약 교리

성경에 나타난 꿈과 환상들은 미래를 예언하는 방법들 가운데 하나로 주어지곤 했지만, 교회 시대에는 더 이상 꿈을 통해 예언이 이루어지지 않는다. 왜냐하면 하나님의 영감으로 주어진 "성경"을 통해 예언들이 모두 기록되었기 때문이다. 그래서 성경에 기록된 예언 외에 어떤 예언들이 추가로 기록된 책이 있다면, 그 책은 "하나님의 말씀"이 아니라 인간이 쓴 불완전한 저작물에 불과

36. 하는 일이 번성함(창 39:3,23 vs. 사 53:10)
37. 은혜를 얻음(창 39:4,21 vs. 시 45:2)
38. 집안의 모든 사람들보다 위에 있음(창 39:4,9 vs. 히 3:1-4)
39. 하나님께서 그분으로 인해 다른 사람들에게 복을 주심(창 39:5 vs. 엡 4:32)

하다. 따라서 현 교회 시대에는 꿈을 통한 예언이 전혀 필요하지 않으며, 실제로 신약성경에서도 복음서와 사도행전을 제외하고는 하나님께서 누군가의 꿈을 통해 계시하신 내용이 등장하지 않는다. 이와 관련하여 사도 베드로는 "더 확실한 예언의 말씀"이 우리에게 있으니, 이 예언의 말씀에 주의하는 것이 잘하는 것이라고 우리에게 권면하고 있다(벧후 1:19). 특히 구약의 선지자인 예레미야도 "거짓 꿈으로 백성들을 속이는 거짓 선지자들을 주의하되, 하나님의 말씀을 전하는 신실한 선지자들의 말을 들으라."(렘 23:28)라고 권면했다. 그러므로 이 시대에 꿈과 환상을 통해 계시를 받았다고 하는 자들의 주장은 모두 비성경적인 주장이며, 우리가 일상적으로 꾸는 꿈들은 성경에서 말씀하시는 예언이나 계시와는 전혀 무관하다.

■ 성경에 나타난 꿈들 ■

1. 아비멜렉의 꿈(창 20:3)
2. 야곱의 꿈(창 28:12; 31:10,11)
3. 라반의 꿈(창 31:24)
4. 요셉의 꿈(창 37:5,9)
5. 감옥의 고관들의 꿈(창 40:5-16)
6. 파라오의 꿈(창 41:1,5)
7. 기드온의 적들이 꾼 꿈(판 7:13)
8. 솔로몬의 꿈(왕상 3:5)
9. 느부갓넷살의 꿈(단 2:1; 4:5)
10. 다니엘의 꿈(단 7:1)
11. 요셉의 꿈(마 1:20; 2:13,19)
12. 동방의 현자들의 꿈(마 2:12)
13. 빌라도의 아내의 꿈(마 27:19)
14. 마지막 날들의 노인들의 꿈(행 2:17)

40. 모든 소유가 맡겨졌음(창 39:4,6,22,23 vs. 마 28:16-20)
41. 시험을 당함(창 39:7,10,12 vs. 마 4:1-10, 눅 4:1-10, 히 4:15)
42. 시험을 이기고 하나님께 죄를 짓지 않음(창 39:8-10,12 vs. 히 4:15)
43. 거짓 고소를 당함(창 39:14-18 vs. 마 26:60)

요셉, 예수 그리스도의 예표(창 41:38-57)

1. 영광과 존귀로 관을 쓴 요셉

요셉은 형들에게 배반당하고 팔렸으며(37장), 거짓 고소로 옥에 갇혔다가(39장), 백성들의 통치자로 높임을 받는다(41장). **요셉은 천한 죄인의 신분에서 존귀로 관을 쓰고 "치리자"가 된 것이다(41-45절, 히 2:9).** 특히 창세기 41:38-46에 쓰인 표현들을 살펴보면 요셉은 예수 그리스도의 강력한 예표임을 확인할 수 있다.

■ 예수 그리스도의 예표들(창 41:38-46) ■

❶ 『하나님의 영이 그 안에 있는 사람』(38절, 마 3:16, 요 3:34).
❷ 『하나님께서 이 모든 것을 네게 보여 주셨으니』(39절, 요 5:20).
❸ 『신중하고 현명한 사람』(39절, 골 2:3, 눅 11:52).
❹ 『너는 내 집을 치리하라』(40절, 히 10:21, 요 8:34,35).
❺ 『온 땅을 치리하도록 세웠노라』(41절, 슥 14:9, 계 11:15).
❻ 『금사슬을 그의 목에 걸어 주더라』(42절, 계 1:13).
❼ 『무릎을 꿇고 절하라』(43,44절, 사 45:23, 빌 2:9,10).
❽ 『아스낫을 그에게 아내로 주었더라』(45절, 솔 1:1-5).
❾ 『요셉이... 파라오 앞에 설 때에 삼십 세더라』(46절, 눅 3:23).

이러한 명령(41:55)은 예수님의 모친 마리아가 "카나의 혼인식"(요 2:5)에 참석한 종들에게 했던 말이며, 또한 모세가 이스라엘 백성에게 『**나와 같은 한 선지자를 너희에게 일으키시리니 너희는 그가 너희에게 무엇을 말하든지 그에게**

서 모든 말을 들으라.』(행 3:22)라고 했던 명령이기도 하다. 무엇을 말하든 "그의 말을 들으라."라고 한 것은 "그분의 말이 있는 곳에 권위가 있음"(전 8:4)을 잘 보여 준다.

3. 모든 창고를 여는 열쇠를 가진 요셉

이집트의 치리자로 등극한 요셉에게는 식량이 넘쳐 났다(요 6:35). 그는 "식량을 통제"(마 6:26, 겔 14:13, cf. 계 6:5; 13:17)하고 "모든 창고를 열 수 있는"(56절) 권력을 갖고 있었다. 따라서 요셉은 "지옥과 사망의 열쇠들을 가지셨고"(계 1:18), "모든 풍성함의 창고를 여실 수 있는"(말 3:10) 예수 그리스도 예표로서 전혀 손색이 없다.

■ 모든 문제를 푸는 열쇠는 "주 예수 그리스도"께 있다 ■

누군가가 문제를 발견하고 인지할 수 있다 해도 그 문제를 해결할 능력이 그에게 없다면 아무런 소용이 없다. 특히 "죄의 문제"는 양심이 증거하는데, 입으로 자신이 죄인임을 시인한다 할지라도 주님 없이는 결코 해결할 수 없다. 따라서 자신이 죄인임을 시인하되 "길이요, 진리요, 생명이신 주님"(요 14:6)을 의지하여 그분을 자신의 구주로 영접해야 한다.

48. 죄가 없었음(창 40:15 vs. 사 53:1-8)
49. 왕의 진노가 함께 있던 두 명의 죄수에게 있었음(창 40:2 vs. 고후 5:21, 롬 1:18)
50. 어딘가에 묶여 있었음(창 40:3,5 - "bound" vs. 요 18:12)
51. 연약하고 죄인인 인간을 섬겼음(창 40:4 vs. 요 13:1-13)

은혜의 풍성함으로 이끄는 요셉(창 42,43장)

1. 기근(고난)을 통해 바로잡으시는 하나님(42:1-5)

성경에는 많은 기근들이 등장하는데 이러한 기근들은 시험과 관련된 것으로서 기근 후에는 더 좋은 것들이 마련되었다(창 12:10; 41:30, 룻 1:1). **특히 이스라엘과 관련하여 나타난 기근들은 그들의 죄에 대한 심판과 정결함을 위한 것이었다(삼하 21:1, 왕상 18:2, 왕하 6:25; 8:1; 25:3, 겔 14:13, cf. 암 8:11)**. 이와 마찬가지로 야곱의 고난의 때인 대환란 기간을 통과하는 환란 성도들은 고난을 끝까지 견딘 후에야 비로소 천년왕국의 복들을 누릴 수 있게 된다. 이러한 사실을 통해 그리스도인들도 하나님께서 허락하시는 고난을 견뎌 낼 때 더 큰 복을 누리게 된다는 교훈을 얻을 수 있다.

■ 기근(고난)을 통해 발견되는 하나님의 은혜 ■

기근으로 인해 모압 땅으로 간 "나오미"는 남편과 두 아들을 모두 땅에 묻은 채 며느리 룻만 데리고 이스라엘로 돌아온다. 많은 슬픔과 고난 가운데서 하나님께로 돌아온 "나오미"가 친척 "보아스"의 친절로 인해 복을 받는다.

돌아온 탕자도 마찬가지다(눅 15:14-24). 이처럼 요셉의 형제들도 기근을 통해 죄를 뉘우치고 난 후 요셉으로 인해 큰 복을 얻게 된다.

❶ 고난은 자신이 죄인임을 시인하게 만드는 하나님의 복이다(눅 5:8).

❷ 고난을 통해 하나님께서는 우리를 정금처럼 빛으신다(욥 23:10).

❸ 잠시 받는 고난 뒤에는 반드시 영원한 영광이 뒤따른다(고후 4:17).

2. 시험하는 요셉 - "너희는 정탐꾼이라."(42:6-13, 약 1:13)

처음에 요셉은 그의 형들을 이집트의 실상을 보러 온 정탐꾼들이라고 몰아붙였지만, 사실은 요셉이 그의 형제들의 "마음(믿음)의 실상"을 알아보고자 정탐꾼 역할을 했던 것이다. 요셉은 십수 년 전에 자신을 미디안 상인들에게 노예로 팔아넘긴 형들의 진심을 확인하고 싶었던 것이다.

우선 요셉의 형제들은 "**우리는 한 사람의 아들이라**."라고 말했다. 실제로 그들은 "**한 사람 야곱**"의 아들이 맞았다. 하지만 그들은 어머니가 다른 이복형제들이었다. 창녀의 아들인 입다가 그의 형제들에게서 쫓겨난 것도 이런 이유 때문이었다(판 11:2). 늘 그래 왔듯이 이스라엘은 그들의 조상 아브라함을 자랑하지만, 결국 모두 다 "**한 사람 아담**"의 아들로서 죄인으로 태어났다는 사실은 결코 부인할 수 없다.

또한 요셉의 형제들은 "**우리는 진실한 사람이라**."라고 말했다. **하지만 그들은 "요셉이 왜 그들과 함께 없는지"(41:13)에 대해서는 그 내막을 말하지 않았다.** 이와 마찬가지로 죄인은 자신의 죄에 대해 결코 스스로 정직하게 말하지 않는다. 그런데도 요셉의 형제들은 자신들이 지금 진실한 사람이라고 말한 것이다. 결코 자신을 포장하려 하지 말고 하나님 앞에서 있는 그대로 자신이 죄인임을 정직하게 시인해야 한다(롬 3:4,10).

마지막으로 요셉의 형제들은 "**우리는 정탐꾼이 아니라**."라고 말했다. 물론 그들은 이집트에 곡식을 사러 왔다. 하지만 사실상 하나님을 신뢰하지 않고 "**세**

52. 왜 죄인들이 슬퍼하는지 알기를 원했음(창 40:7 vs. 눅 24:17)
53. 무오한 해석을 주었음(창 40:8 vs. 눅 24:32,45)
54. 주의 만찬의 두 가지 요소, 포도주와 빵(창 40:11,17 vs. 마 26:26-29)
55. 포도 열매에서 난 새 포도주인 포도즙(창 40:10,11 vs. 마 26:29)

상을 기웃거리는 정탐꾼들"이나 다름없었다. 거듭난 성도들은 결코 세상을 기웃거리는 정탐꾼이 되어서는 안 된다. 하늘의 시민권을 가진 그리스도인들은 이 악한 현 세상에서 순례자요 나그네의 삶을 살아야 하는 것이다(빌 3:20).

3. 마음이 변화되기 시작한 형들(42:14-24)

요셉은 아홉 명은 남고 한 명만 베냐민을 데리러 가라고 한 약속을 뒤엎고, 형들 모두를 3일 동안 감옥에 가두었다. 그러는 동안 그들은 누가 갈 것인가에 대해 제비뽑으려 했을 것이다. 하지만 3일 후에 한 사람만 남고 돌아가라는 명령이 떨어졌을 때 "누군가가 자원해야 할 필요"가 생겼다. 즉 나머지 형제들을 위한 자발적 헌신이 요구되었다. **요셉을 팔아넘긴 형들의 간악한 마음이 이제 "불같은 시련"을 통해 형제애와 섬김의 자세로 점점 변화되고 있었던 것이다(롬 12:10).**

요셉은 형들에게 그들이 "진실한 사람들이며, 정탐꾼들이 아니라는 것"을 증명해 보라고 했다. 주님께서는 이처럼 우리의 믿음에 대해서도 입증해 보이기를 원하신다(고후 13:5, 엡 5:10). 베드로에게도 하나님을 사랑한다면 "내 양들을 먹이라."(요 21:16,17)라고 하셨다. 그러므로 그리스도인의 삶 또한 성령의 열매로서 입증되어야 하고, 그의 행보가 늘 주님을 시인하는 삶이 되어야 한다.

60. 사형 방법이 나무에 달리는 것과 연관됨(창 40:19 vs. 눅 23:33)
61. 기억되지 못하고 잊힘(창 40:23 vs. 시 9:17)
62. 하나님의 영이 그 안에 있는 분(창 41:38 vs. 요 3:34, 히 1:9)
63. 하나님께서 모든 것을 보여 주신 분(창 41:39 vs. 요 5:20)

4. "영원한 질책"을 자처한 유다(43:9)

사실상 "영원한 질책"은 결코 죄인이 짊어질 수 있는 일이 아니다. 이스라엘의 왕으로 오신 주님을 십자가에 못 박으면서 이스라엘은 "그의 피를 우리와 우리의 자손들에게 돌리라."(마 27:25)라고 했다. 그 이후로 그들은 엄청난 질책을 겪어야 했고, 앞으로도 전무후무한 대환란을 겪어야 한다. 그런데도 그들이 감당해야 하는 질책은 "영원한 질책"이 아니다. 그러한 질책은 오직 죄인들을 대신하여 십자가에 못 박혀 죽으신 하나님의 아들, 곧 "주 예수 그리스도"만 지실 수 있다. 한편 그 질책을 감당하신 예수 그리스도를 거부한 모든 죄인은 지옥에서 그 영원한 질책을 받게 될 것이다.

5. 야곱의 믿음의 결단 - "잃으면 잃으리로다."(43:14)

사랑하는 라헬에게서 태어난 요셉을 이미 잃어버린 야곱, 이제 베냐민마저 빼앗길 상황을 맞이하게 되자 그는 "결코 그럴 수 없다."(마 16:22)라는 단호한 입장을 취했다(42:38). 하지만 설상가상으로 기근은 극심해지고 먹을 것은 바닥나고 있었다. 이 모든 상황을 인도하시는 하나님으로 인해 그는 더 이상 버틸 수 없게 되었다. 이때 유다의 설득은 시작되었고, 양단간에 결정해야 할 것을 종용하는 그의 말에 더 이상 버티기가 어려웠던 야곱은 드디어 하나님께 모든 것을 맡기기 시작한다(에 4:16, 욥 1:21). 그리고 이제 이집트를 향한 그들의 여정은 하나님께 온전히 맡겨진 여정이 되었다.

■ 새롭게 깨달았거나 적용할 내용이 있다면 적어 보세요. ■

제3과
복습문제

1. 파라오가 두 번에 걸쳐 같은 내용의 꿈을 꾼 것은 "하나님께서 그 일을 반드시 행하실 것"임을 보여 주기 위한 것이었다. (O , X)

2. 요셉은 형들에게 배반당했고 팔렸으며(창 37장), 거짓 고소로 감옥에 갇혔다가(창 39장), 백성들의 치리자로 높임을 받았다(창 41장). 이러한 사건들은 요셉이 ( )를 예표하는 인물임을 보여 준다.

3. 요셉은 그의 형들이 이집트의 실상을 보러온 ( )이라고 몰아붙였지만, 사실상 이것은 요셉이 그의 형제들의 "마음(믿음)의 실상"을 알아보기 위한 것이었다.

4. 베냐민마저 빼앗길 상황을 맞은 야곱에게 설상가상으로 이어진 기근은 결국 "잃으면 잃으리로다."라는 믿음의 결단을 낳게 했다. (O , X)

5. 백성들이 "모든 창고를 열 수 있는"(창 41:56) 요셉에게로 나아간 것처럼, 하나님의 자녀들 또한 "모든 풍성함의 창고를 여실 수 있는"(말 3:10) 주님께로 나아가야 한다. (O , X)

■ 복습 문제의 정답은 홈페이지(www.solomonbtc.org)에서 확인할 수 있습니다.

NOTES

NOTES

제4과
형들을 용서하는 요셉
(44-46장)

『그러므로 이제 나를 여기에 보낸 것은 당신들이 아니라 하나님이시니, 그분이 나를 파라오에게 아비가 되게 하시고 그의 온 집의 주가 되게 하시며, 온 이집트 땅의 치리자를 삼으셨나이다』(창 45:8).

죄의 용서와 한없는 사랑

이스라엘이 쓸데없다고 버렸던 예수 그리스도께서 "모퉁이의 머릿돌"이 되신 것처럼(행 4:11), 종으로 팔렸던 요셉이 이집트를 다스리는 "치리자"가 되어 위엄 있는 모습으로 그의 형제들 앞에 서 있었다. 그들은 요셉의 꿈대로 그에게 머리를 조아리며 떨고 있었다(창 45:3). 사실상 자신을 죽이려고 했던 형들은 요셉에게는 원수나 다름없었지만, 요셉은 그들에게 "진노의 잔"(사 51:17)이 아니라 오히려 그들을 용서하며 그들에게 "축복의 잔"(고전 10:16)을 내밀었다.

"죄"에 관한 한 하나님께서는 공의로우신 분이다. 그래서 죄에 대해서는 징계가 먼저이고, 그 후에는 죄에 대한 용서와 더불어 그로 인한 화평이 주어진다. 무엇보다도 용서의 주체이신 주님께서 용서하시지 않는다면 아무 소용이 없다(행 4:12).

따라서 자신에게 저질러진 그와 같은 모순된 행동을 견뎌 내신 주님으로 인해 우리의 죄들이 용서되었듯이, 요셉을 팔아넘긴 형들이 진실한 마음으로 뉘우쳤을지라도 죄를 용서하는 열쇠는 요셉에게 있었다(고후 6:2). 무엇보다도 이 모든 죄에 대한 용서 뒤에는 한없는 하나님의 사랑이 기다리고 있음을 잊어서는 안 된다. "창녀 짓을 하였어도 내게로 다시 돌아오라."(렘 3:1)라고 이스라엘 백성에게 손을 내미신 하나님께서는 지금도 여전히 그 한없는 사랑을 가지고 "지옥을 향해 달려가는 세상 죄인들"을 향해 영원한 생명으로 초청하고 계신다(요 3:16).

"잔"으로 시험하는 요셉(창 44장)

1. 청지기에게 내려진 명령(1-6절)

요셉의 청지기는 식량을 구하러 온 그들을 모함하여 죄를 뒤집어씌우려 하는 요셉의 명령에 아무런 토도 달지 않은 채 그대로 행했다(1-6절). 비록 그는 요셉의 심중에 있는 깊은 뜻을 알지 못했지만, 그의 명령에 따라 있는 그대로 행한 것이다. 이처럼 청지기의 자세는 자기 생각보다 더 높은 주인의 뜻에 순종하고 가장 먼저 주인을 인정하는 것에서부터 시작되어야 한다(잠 3:6, 사 55:9, 눅 5:5, 고전 4:2).

2. 죄인들의 어리석은 맹세(7-10절)

요셉의 형들은 자신에게 닥칠 일들에 대해 아무것도 모른 채 엄청난 맹세를 해버리고 말았다(9절). 이것이 바로 내일 일을 알지 못하는 죄인들의 어리석음이다(마 12:37, 눅 19:22). 베드로 또한 모두가 주님을 배신할지라도 자신만은 절대로 배신하지 않을 것이라고 맹세했지만, 결과는 비참했다. 이처럼 죄인들은 결코 주님을 앞서갈 수도 없고, 결코 앞서가서도 안 된다. 결국 어리석은 맹세로 인해 그들은 요셉 앞에서 자기들을 변론해야만 하는 처지가 되고 말았다(롬 14:11,12).

64. 신중하고 현명한 사람(창 41:39 vs. 잠 8:12, 마 11:19)
65. 집을 치리하는 존재(창 41:40 vs. 히 3:3)
66. 말씀을 통해 다스리심(창 41:40 vs. 요 1:1-3, 히 1:3)
67. 신격(삼위일체)의 제2격이신 분(창 41:43 vs. 요일 5:7)

3. 회개에 이르게 하는 "진노의 잔"(11-14절)

무거운 발걸음으로 이집트로 돌아올 때와는 달리 요셉의 형제들은 융성한 대접과 풍성한 식량을 얻게 되었다. 특히 시므온과 베냐민을 보게 될 아버지 야곱의 얼굴을 떠올리며, 그들은 가벼운 걸음으로 고향으로 향했다(43:34). 그런데 이게 웬 날벼락이란 말인가?(마 26:55) 그들은 결코 그와 같은 악을 행하지 않았다고 확신했지만, 결국 베냐민의 자루에서 은잔, 곧 "진노의 잔"이 발견되고 말았다(12절). 요셉의 의도에 따라 베냐민이 고소를 당했지만(마 27:12, 행 26:7), 그들은 어떠한 반박도 할 수 없었다. 예전 같았으면 그들은 베냐민만 버려둔 채 식량과 모든 것을 가지고 고향으로 도망쳤을 것이다. 하지만 지금은 예전의 그들이 아니었다. 드디어 그들은 조금씩 변해 가고 있었으니, 이제 하나님께서 일하실 때가 된 것이다(눅 15:14-17). 주 하나님께서는 "하나는 없나이다."(창 42:13)라고 하면서 요셉에 관해 고하던 그들의 솔직하지 못한 양심을 섭리 가운데서 살아나도록 이끌고 계신다. 이처럼 죄인들이 주 예수 그리스도께로 인도되기 위해서는 자신이 죄인임을 공개적으로 시인하는 과정이 꼭 필요하다(롬 10:9,10).

4. 요셉 앞에 서 있는 죄인들의 회개(15-33절)

이번에도 유다가 형제들보다 앞서서 그들의 유죄를 자백하고 있다. "하나님께서 당신의 종들의 죄악을 적발하셨나이다."(16절)라는 유다의 고백은 요셉에게 그들이 저지른 악행에 대한 회개의 고백이었고, 하나님의 섭리 가운데서 그들을 위해 마련된 은혜를 받을 마음이 준비되었음을 보여 주는 진솔한 고백이었다. 이것은 죄인들이 하늘의 문 앞에 다다른 상황과 유사하다. 죄를 공개적으로 자백하되, 그 어떤 책임 회피나 핑계를 대려는 시도가 전혀 없다. 오직 세리와 다윗처럼 자신의 죄에 대해 철저히 회개하는 마음으로 가득할 뿐이다(눅

18:13, 시 51편).

그런데도 요셉은 그것이 온전한 회개인지 알고 싶었고, 이에 잔이 발견된 베냐민만 남고 돌아가라고 말하면서 그들의 마음 상태를 살펴보았다(17절). 이때 유다는 간절한 마음으로 그에게 가까이 다가서서, 막내 베냐민에 대한 아버지 야곱의 지대한 사랑을 호소하며, 자신의 목숨을 베냐민을 위한 담보로 내놓겠다고 말했다(33절). 이제 요셉은 형제들 앞에 자신을 드러낼 결정적인 순간이 왔음을 알게 된다. 우리는 이런 장면을 통해 하나님께 자비를 구하는 죄인의 진정한 마음만이 하나님께서 역사하시는 원동력이 된다는 사실을 깨닫게 된다(눅 18:13).

요셉, 예수 그리스도의 예표(창 45장)

1. 죄과를 그들에게 돌리지 않는 요셉

이제 요셉은 자신이 바로 그들이 "종으로 팔았던 동생"임을 밝힌다. 이 말에 그들은 매우 불안해할 수밖에 없었는데, 이는 요셉이 자신들이 저지른 악행에 대해 원한을 갚을 만큼 충분한 힘과 권력을 갖고 있었기 때문이다. <u>그런데도 요셉은 그들에게 슬퍼하거나 괴로워하지 말라고 위로했는데, 이것은 죄 없으신</u>

68. 하늘과 땅의 모든 권세가 주어짐(창 41:41,43,45; 42:6; 45:26 vs. 마 28:18)
69. 영화롭게 되심(창 41:42 vs. 요 12:28; 13:32; 16:14; 17:1,5)
70. 의로우심(창 41:42, 계 19:8 - "세마포" vs. 사 61:10, 롬 10:1-4)
71. 신성(육신으로 나타나신 하나님)의 모습(창 41:42 - "금사슬" vs. 딤전 3:16)

예수 그리스도를 십자가에 못 박은 이스라엘을 다시 회복하시는 하나님의 은혜를 엿보게 해 준다.

요셉은 그들에게 가까이 다가오라고 말했다(약 4:8). 그런 다음 이집트로 자신을 팔아넘긴 죄과를 그들에게 돌리지 않았고(행 7:60, 고후 5:19), 오히려 그의 집안을 고난에서 구원하시기 위한 하나님의 섭리적인 손길에 대해 하나님께 영광을 돌렸다. 비록 모든 일이 하나님의 주권 속에서 이루어지는 것은 사실이지만(전 9:1, 잠 21:1), 그것을 받아들이는 것 또한 인간의 자유의지에 달려 있다. 그러므로 그 결과에 대한 책임은 전적으로 자신에게 있는 것이다(갈 6:7).

2. 선지자요, 제사장이며, 통치자(왕)인 요셉

요셉은 이집트의 파라오의 꿈을 해석하는 가운데 앞일을 내다보았고("선지자," 41:25-31), 이로 인해 파라오에게 아비가 되었으며("제사장," 8절, cf. 판 17:10), 이집트 땅의 치리자("왕," 8절, cf. 딤전 6:15)가 되어 이집트에서 모든 영광을 누렸다. 요셉은 형제들에게 그들의 눈으로 본 이 모든 것들을 그의 아비 야곱에게 말씀드리고, 지체하지 말고 모셔오라고 종용했는데, 이것은 감옥에 갇힌 침례인 요한이 그의 제자들을 통해 "당신이 오실 그분이시니이까?"라고 물었을 때, 주님께서 자신이 행한 모든 것을 보고 믿으라고 하신 상황을 생각나게 해 준다(마 11:3, 요 14:9).

72. 그분을 통하지 않고서는 아무것도 할 수 없음(창 41:44 vs. 요 15:5)
73. 새로운 이름(창 41:45 vs. 계 19:12)
74. 이방인 신부를 아내로 얻음(창 41:45,50 vs. 엡 5:23, 계 21:9)
75. 삼십 세에 사역을 시작함(창 41:46 vs. 눅 3:23)

3. 자신을 계시한 요셉

요셉이 형제들에게 입을 맞추고 껴안을 때에야 비로소 그의 형들이 요셉과 이야기를 시작했다. 이처럼 주님께서는 항상 먼저 죄인들을 찾아주신다(롬 11:35, 요일 4:19). 유다와 그의 형제들은 요셉을 보고 기뻐했지만 동시에 의아해했다(눅 24:41). 죽은 줄로만 알았던 동생 요셉이 살아서 자신들 앞에, 그것도 이집트의 막강한 통치자로 서 있었기 때문이다. 이러한 상황은 가깝게는 부활하신 주님의 모습을, 실제로는 이스라엘 앞에 통치자로 나타나실 만왕의 왕이신 예수 그리스도의 재림을 보여 주고 있다. 결과적으로 "자신을 드러낸 요셉의 모습"을 통해 재림 때 이스라엘의 자손들이 죄를 용서받고 회복되는 모습을 나타내고 있는 것이다(슥 12:10; 13:6, 사 61,63장).

초림 때 주님께서는 죄인들의 친구이자 형제로서 나타나셨다(요 15:15, 막 3:35). 또한 우리 죄인들에게도 하나님의 아들로서 자신을 계시하셨다(갈 1:15,16). 만일 예수 그리스도께서 우리에게 구주로서 자신을 계시하시지 않았다면, 이 땅에 태어난 우리 모든 죄인은 용서받지 못한 채 지옥 불에서 결코 벗어나지 못하게 되었을 것이다.

■ 주 예수 그리스도에 관한 계시 ■

완고한 죄인들에게 하나님께서는 하나님을 알 만한 것들을 이미 계시하셨으나, 죄인들은 이를 거부한 채 과학과 철학 그리고 종교와 교육으로 자신들의 무지를 드러내고 있다(롬 1:20,21). "하나님의 계시"는 현미경이나 허블망원경이 아니라 오직 성경을 통해서만 볼 수 있다(엡 3:3, 계 1:1). 이렇듯 그분의 아들에 대한 계시를 무시한 자들이 가야 할 곳은 오직 지옥뿐이다(갈 1:16, 엡 6:19).

❶ "육신을 입고 오신 하나님"이심을 계시하셨다(딤전 3:16, 사 53:1; 40:5).

❷ 예수 그리스도를 통해 "하나님의 의"를 계시하셨다(롬 1:17, 사 56:1).

❸ "기록된 말씀으로" 그분 자신을 계시하셨다(삼상 3:21, 계 1:1).

❹ "들을 귀 있는 자들에게" 계시하셨다(마 11:27, 고전 1:26-30).

4. 성별로 인도하는 요셉

요셉은 극심한 기근이 아직도 5년 더 남은 상황에서 아버지와 그의 형제들을 "이집트"가 아닌 "고센" 땅으로 불렀다. 비록 그곳이 비옥한 땅으로서(47:6,11) 피돔과 라암셋을 포함하고 있었지만(출 1:11), 세상의 예표인 이집트는 우상을 숭배하는 곳이었다. 말하자면 야곱에게 그 후손들을 카나안 땅으로 다시 돌아오게 하실 것을 약속하신 하나님께서는 이곳에서 그들이 정착하는 가운데 이집트인들과 섞이지 못하도록 하시기 위해 이집트와는 구분된 지역을 허락하신 것이다. 이처럼 하늘의 시민권을 가진 그리스도인들도 세상과 벗하지 않고 성별된 가운데 주님을 섬기며 이 세상을 살아가야 한다.

76. 온 땅을 두루 다니며 시찰함(창 41:46 vs. 눅 8:1)
77. 그 누구도 빵이 없을 때 빵을 가지고 있음(창 41:54 vs. 요 6:35)
78. 말하는 대로 하라(창 41:55 vs. 요 2:5)
79. 사람들이 도움을 얻기 위해 나아옴(창 41:55 vs. 마 4:23-25, 막 1:45)80. 창고를 열 수 있음(창 41:56 vs. 말 3:10)

5. 형제애로 뜨겁게 사랑하는 요셉

요셉은 이미 그의 형들을 용서했다. 하지만 그의 형들은 요셉이 그들에게 베푼 자비에 대해 온전히 신뢰하지 않고 염려하고 있었다. 이러한 염려는 야곱이 죽고 난 이후에 그대로 드러나기도 했다(50:15-18). 즉 그들의 아버지 야곱으로 인해 요셉이 자신들을 봐주고 있었던 것으로 생각하여 불안해한 것이다. 하지만 요셉은 그런 그들을 형제애로 뜨겁게 사랑하며 감싸 안았다(50:19-21).

6. 여전히 살아 있는 요셉

예수 그리스도께서는 전에도 계셨고, 지금도 계시며, 앞으로 오실 만왕의 왕이시다. 요셉의 형들은 죽은 것으로만 알았던 요셉이 살아 있음을 그들의 아버지 야곱에게 기쁨으로 알렸다(26절). 처음에 야곱은 이 소식이 선뜻 믿기지는 않았지만, 눈으로 본 증거들로 인해 믿기 시작했다(27절). 거듭난 성도들도 "하나님의 선물"을 받은 이후에 말씀에 대한 확신이 없으면 야곱처럼 의심하게 된다. 그러므로 말씀의 온전한 확신 가운데 있을 때야 비로소 주 예수 그리스도 한 분만으로 기뻐할 수 있다. **비록 요셉이 그 형제들에게 준 선물과 풍성함을 보고 난 이후이긴 했어도, 야곱은 요셉이 살아난 사실 그 자체만으로도 만족하고 기뻐했다(28절). 이렇듯 우리 그리스도인들도 다시 살아나신 주님 한 분만으로 기뻐하며 살아갈 수 있어야 한다.**

81. 값을 받고 팜(창 41:56; 42:6 vs. 사 55:1, 롬 5:15-19; 6:23, 계 21:6; 22:17)
82. 식량을 통제함(창 41:57 vs. 마 6:26; 13:52)
83. 처음에는 알아보지 못함(창 42:8 vs. 요 1:10,11)

야곱의 마지막 여정 : 기쁨의 여정(창 46장)

1. "고난의 여정"에서 "기쁨의 여정"으로!

이제 이집트로 내려가는 여정은 처음 요셉에게 모함을 받던 당시의 그 "고난의 여정"과는 전혀 다른 "기쁨의 여정"이다. 그곳에는 죽은 줄로만 알았던 요셉이 있고, 풍성함 또한 준비되어 있기 때문이다. 이 땅을 사는 그리스도인들도 주님을 만날 날을 고대하며 사는 순례자의 여행길이지만, 이 길이 절대 힘들지 않은 이유가 바로 여기에 있다. 무엇보다보 야곱은 이전과는 달리 이번 여정에서는 하나님을 먼저 찾았고(1절), 그분께 희생제를 드림으로써 자신의 길을 온전히 맡겼다.

그는 자신의 인생 여정이 얼마 남지 않은 것으로 여겼지만, 그것은 그의 생각이었을 뿐이다(47:9 vs. 49:33). 이처럼 유한한 인간의 생각과 영원하신 하나님의 생각은 그 차이가 너무나 크다(사 55:9). 야곱은 이집트에 내려가지 말라는 하나님의 경고에 대해 이미 알고 있었지만(26:2), 그와 함께하시겠다는 주님의 약속만을 의지하며 이집트로 내려갔다(4절). 이처럼 그리스도인들도 비록 세상에 있긴 해도 세상을 이기신 주님께서 함께하시므로 결코 두려워할 필요가 없다(요일 4:4, 고전 5:10). 『**어린 자녀들아, 너희는 하나님께 속하였고 또 그들을 이겼으니, 이는 너희 안에 계신 분이 세상에 있는 자보다 더 크시기 때문이라**』(요일 4:4).

야곱은 그의 형 "에서"를 만났을 때 자기 아내들을 앞세웠던 전력이 있는데, 지금도 유다를 앞세워 고센 땅으로 자신을 인도하게 하고 있다. 이제 잃어버렸던 아들을 되찾은 그의 기쁨은 이루 말할 수 없다. 야곱의 고난은 이제 끝났고 그에게 베풀어질 은혜만 남았다. 야곱은 죽었던 자를 돌려받았고, 시므온은 감옥에서 풀려났으며, 그들 모두는 하나님께서 예비하신 장소에서 평안히 지낼 수 있게 된 것이다. **그들은 요셉의 지시대로 "고센"("가까이 당기는") 땅을 그들의 거처로 삼아 정착했는데(43:32), 모세를 통해 약속의 땅으로 가기까지 그곳에서 보내게 된 세월이 무려 430년이나 된다(출 12:40,41). 이처럼 하늘의 시민권을 가진 우리 그리스도인들도 주님께서 언제 부르실지 모르지만, 그날을 고대하며 기쁨으로 주님을 맞을 준비를 해야 할 것이다.**

84. 피가 요구됨(창 42:22 vs. 마 27:25, 행 5:28)
85. 다른 언어로 말씀하심(창 42:23 vs. 사 28:11, 행 2:4)
86. 함께 식사를 함(창 43:16 vs. 눅 12:35-40)
87. 내 잔(창 44:2 vs. 마 20:23)

■ 새롭게 깨달았거나 적용할 내용이 있다면 적어 보세요. ■

제4과
복습문제

1. "하나님께서 당신의 종들의 죄악을 적발하셨나이다."(16절)라는 유다의 고백은 요셉에게 그들이 저질렀던 악행에 대한 회개와 하나님의 섭리 가운데서 마련된 은혜에 대해 받을 준비가 되었음을 보여 준다. (O , X)

2. 요셉은 파라오의 꿈을 해석하는 가운데 앞일을 내다봄으로써 파라오에게 아비가 되었고, 이집트 땅을 다스리는 치리자로 세워졌다. 이것은 요셉이 선지자요, (   )이며, 통치자(왕)이신 예수 그리스도의 강력한 예표임을 증거하고 있다.

3. 죽은 줄로만 알았던 요셉이 살아서 형들 앞에, 그것도 이집트의 막강한 통치자로 서 있다. 이 모습은 가깝게는 부활하신 주님을 보여 주고 있지만, 실제적으로는 이스라엘의 통치자로 나타나실 예수 그리스도를 보여 주고 있다. (O , X)

4. 요셉은 이미 그의 형들을 용서했지만, 그들은 야곱이 죽고 난 후 요셉이 앙갚음을 하지 않을까 하여 염려하며 불안해했다. 하지만 요셉은 그런 그들을 형제애로 뜨겁게 사랑하며 감싸 안았다(창 50:19-21). (O , X)

■ 복습 문제의 정답은 홈페이지(www.solomonbtc.org)에서 확인할 수 있습니다.

NOTES

NOTES

제5과
야곱의 마지막 유언과 약속(47-49장)

『야곱이 자기 아들들을 불러 말하기를 "너희는 다 함께 모이라. 마지막 날들에 너희에게 닥칠 일을 내가 너희에게 말하리라』(창 49:1).

형제들과 아비 야곱을 파라오에게 소개한 요셉(47:1-10)

1. 형제들을 파라오에게 소개한 요셉

요셉은 자기 형제들을 파라오에게 소개하고 고센 땅에 거하는 것을 허락받았는데, 파라오는 요셉의 형제들 가운데 "활동력 있는 자들"(any men of activity)을 파라오의 가축을 관리하는 자들로 세우라고 지시했다(1-6절). 가뭄으로 인해 카나안 땅에서 목초지가 완전히 사라진 마당에(4절) 이것은 요셉의 형제들에게 일종의 대단한 "행운"이었다.

2. 야곱을 파라오에게 소개한 요셉

요셉은 아비 야곱 또한 파라오에게 소개했는데, 그때 야곱은 이집트 왕인 파라오를 축복했다(7-10절). **이집트의 파라오 앞에서도 굽실거리거나 위축되지 않았다는 점은 야곱이 더 이상 이전의 그 야곱이 아니라는 점을 잘 보여 준다.** 야곱은 에서 앞에서처럼(33장) 굴지 않았고, 뇌물로 호의를 얻으려고 하지도 않았다(32장). 파라오의 환심을 사기 위해 "잔머리를 써서" 어떤 사전 계획을 세우지도 않았다. **야**

88. 삼위일체의 제1격과 동등하심(창 44:18 vs. 요일 5:7, 요 10:30)
89. 예수님께서 부활하신 이후에 제자들에게만 자신을 계시하심 (창 45:3 vs. 고전 15:1-10)
90. 재림 때 이스라엘 열두 지파에게 자신을 드러내심(창 45:3 vs. 슥 12:10; 13:6, 계 1:7)
91. 부활하신 예수님 앞에서 불안해하는 제자들(창 45:3 vs. 눅 24:37-41)

곱은 실로 "이스라엘"("하나님의 통치자")다웠다. 그는 똑바로 선 채 파라오를 만났고 이스라엘 민족의 "선지자적인 목자장" 역할을 수행했는데, 말하자면 자신의 생애를 간략히 간증한 뒤 왕의 머리에 손을 얹고 축복을 해 준 것이다(10절).

야곱이 옛날의 "찬탈자" 모습에서부터 이렇게 변화되기까지 실로 오랜 세월이 걸렸다. 그의 "짧고 험악한 세월"(9절)로 인해 그의 머리는 옛날부터 계신 분처럼(단 7:9) 하얗게 되었을 것이고, 그의 얼굴에 그어진 주름들은 단순한 나이 표식이 아니라, 하나님의 은혜와 훈련으로 단단하게 빚어진 영광의 표식이었을 것이다. 야곱은 이후 17년을 더 살아 147세에 죽는다(28절).

야곱의 "짧고 험악한 세월"은 자기 스스로 인생을 계획하는 성도가 겪게 되는 험악한 여정을 보여 준다. 즉 아들 하나는 자신의 첩과 간음을 저질렀고, 두 아들은 수많은 사람을 살해했으며, 가뭄과 서리 가운데서 양을 돌본 20여 년의 세월에다가, 때로는 며칠 동안 밤잠을 자지 못했고, 한 아내는 아이를 낳다가 죽었으며, 집을 떠난 후 어머니 얼굴을 보지 못했고, 아들 하나는 노예로 팔려 갔었으며, 또 다른 아들은 투옥되었었고, 이제 전 가족이 기근을 피해 피난을 오게 된 그 짧고 험악한 인생을 보라! 『**내 생애의 세월이 짧고 험악**』했다는(9절) 말이 절로 나오지 않겠는가? 자꾸만 비뚤어지고 빗나가는 인생에서 벗어나려면 가급적 속히 하나님의 뜻과 계획을 간파하여 그 길을 따르는 수밖에 없다. 야곱처럼 백발이 되어 "내 생애의 세월이 짧고 험악했다!"라는 탄식을 하는 일이 없어야 하는 것이다.

3. 기근이 닥친 동안의 요셉의 치리

요셉은 그 뒤 아비 야곱과 형제들을 가장 좋은 땅인 라메세스에 정착시키고 그들을 양식으로 부양했다(11,12절). 기근이 너무 심하여지자 온 땅에 양식이 떨어졌고, 요셉은 이집트 땅과 카나안 땅에 있는 돈과 가축을 양식과 맞바꾸어 파라오에게 가져다줌은 물론, 그들의 땅과 그들 자신의 몸까지도 사들였다(13-19절). 요셉은 이집트의 온 땅을 파라오를 위해 사들였지만, 제사장들의 땅만은 제외시켰다(20-22절).

요셉은 자기에게 땅을 판 백성들에게 씨앗을 공급하여 그 땅에 뿌리도록 했다(23절). **『추수 때가 되면 너희는 오분의 일을 파라오에게 주고, 네 부분은 너희 것으로 하여 들의 씨앗으로 삼고, 너희의 식량과 너희 집안의 식량과 너희 어린 것들의 식량으로 삼으라." 하니, 그들이 말하기를 "당신께서 우리의 생명을 구원하셨으니 우리가 내 주의 목전에서 은혜를 얻고 파라오의 종들이 되겠나이다." 하더라』**(24절). 요셉은 그것을 "이집트 땅에 관한 법"으로 제정했다(25,26절). 여기서 요셉은 씨 뿌리는 자에게 씨를 공급하시는 예수 그리스도와(23절, cf. 고후 9:10) 생명을 구원하시는 예수 그리스도를 예표한다(25절, cf. 눅 9:56, 요 10:10).

야곱의 가족은 고센 지방에서 심히 번성했다(27절). 야곱은 죽을 때가 가까워지자 자신을 이집트 땅에 장사하지 말라고 요셉에게 맹세시켰고(28-31절) 요셉은 그 맹세를 지켰다(50:1-3).

■ 야곱은 형상에게 경배했는가? ■

창세기 47:31은 히브리서 11:21과 함께 로마카톨릭이 자신들의 우상숭배를 정당화하는 데 사용하는 구절이다. 『야곱이 말하기를 "나에게 맹세하라." 하니, 요셉이 그에게 맹세하더라. 이스라엘이 침상의 머리에서 절하더라』(47:31). 『믿음으로 야곱은 죽을 때에 요셉의 두 아들 하나하나에게 축복하였으며, 그의 지팡이 머리에 의지하여 경배드렸느니라』(히 11:21). 예수회 사제들은 히브리서 11:21에서 야곱의 "지팡이"가 "예배 보조 기구"로 사용되었다고 주장하기 위해 『그의 지팡이 머리에 의지하여 경배드렸느니라.』를 "그의 지팡이 머리에 경배하였으니라." 혹은 "그의 지팡이 머리를 향하여 경배드렸느니라."로 번역해 버렸다. 그러나 창세기 47:31과 히브리서 11:21(= 창 48장)은 전혀 다른 상황이며 아무런 연관성도 없다. 야곱은 단순히 몸을 지탱하기 위해 나무 지팡이에 의존한 것일 뿐 그 지팡이를 향해 절하지는 않았다. 하지만 로마카톨릭은 그것을 가지고 야곱이 형상 앞에 무릎 꿇고 그 형상을 통해 하나님을 불렀던 것이라고 가르치는데, 이것은 A.D. 787년의 니케아 공회 이래로 로마카톨릭의 공식적인 가르침이 되었다. 말하자면 인간들이 지어낸 거짓 교리를 가르치는 것이다.

야곱이 에프라임과 므낫세를 축복하다(48:1-22)

야곱이 아프다는 소식에 요셉은 두 아들 므낫세와 에프라임을 데리고 가서 그에게 안수를 받게 했다(1절). **죽을병(노약 증세)에 걸린 야곱은 요셉이 찾아왔다는 말에 침상에서 힘을 내어 앉았는데(2절), 그는 기력이 다했기에 그때 지팡이를 사용했음이 분명하다. 바로 이것이 "히브리서 11:21"의 문맥이다.** 창

92. 미리 아심을 따라 내어준 분(창 45:5 vs. 행 2:23)
93. 주님을 통해 생명이 보존되고 큰 구원으로 건져짐(창 45:5,7 vs. 히 2:3)
94. 아버지와 주와 치리자(창 45:8,9 vs. 사 9:6, 롬 14:9, 미 5:2 - "ruler")
95. 이집트 땅의 좋은 것이 이스라엘의 것이 됨(창 45:20 vs. 사 19:24,25)

세기의 문맥을 보면(12절) 야곱이 이때 "경배"한 것을 알 수 있다. 『**요셉이 그의 무릎 사이에서 그들을 데리고 나오자, 그가 자기의 얼굴을 땅에다 대고 절하더라**』(12절). 히브리서의 저자는 바로 이것을 두고 히브리서 11:21에서 야곱이 경배했다고 말하는 것이다. 야곱은 결코 "지팡이 형상"을 숭배하지 않았다.

야곱은 자신을 찾아온 요셉에게 하나님께서 자신에게 주신 복을 회상하면서(3-6절) 라헬이 죽었던 일을 이야기했다(7절). 그 가운데 야곱은 에프라임과 므낫세를 자기 것으로 간주하는데(5절), 이 두 손자는 르우벤과 시므온을 대신하게 된다(34:25; 35:22). 이것은 "장자권," 즉 장자가 그 권한으로 받게 될 "두 몫"과 관련되어 있으며, 역대기상 5:1,2에서 언급되고 있는 바와 같다. 『**이스라엘의 맏아들 르우벤의 아들들이라. (그가 맏아들이었으나 그의 아버지의 침상을 더럽혔으므로, 그의 장자권이 이스라엘의 아들 요셉의 아들들에게 주어졌더라. 그러므로 그 계보가 장자권을 따라 계수될 것이 아니니, 이는 유다가 그의 형제들보다 뛰어났으며, 그에게서 최고 치리자가 나왔으나 장자권은 요셉에게 있었음이더라.)**』 이렇듯 야곱은 에프라임과 므낫세가 장자권의 유업을 받을 것이라고 예언하고 있다(6절). 이때 그는 요셉의 어머니 라헬을 떠올렸는데, 라헬의 아들인 요셉의 후손이 받을 유업을 생각하면서 그 사랑하는 아내를 떠올리지 않을 수 없었던 것이다(7절).

야곱은 요셉의 두 아들을 축복할 테니 데려오라고 했고(9절), 데려온 두 손자를 입 맞추고 안아 주면서 다음과 같이 감동했다. 『**이스라엘이 요셉에게 말하**

96. 다투는 것에 대해 책망함(창 45:24 vs. 막 9:33,34)
97. 서로 사랑하라고 격려함(창 45:24 vs. 요 13:34,35; 15:12,17)
98. 형제들을 메시지와 함께 보냄(창 45:24,25 vs. 마 28:18-20)
99. 살아 있음(창 45:26,28 vs. 마 28:6,7, 막 16:6, 눅 24:6,34)

기를 "내가 네 얼굴을 보리라고는 생각지 못하였는데, 보라, 하나님께서 네 씨까지도 내게 보이셨도다." 하더라』(11절). **야곱이 이후 12절에서 얼굴을 땅에 다 대고 절한 것은, 자신에게 요셉뿐 아니라 요셉의 씨까지 보게 해 주신 하나님께 감사드리는 경배 행위였다**. 야곱은 자신의 오른손을 의식적으로 둘째인 에프라임 위에 얹어 축복했다(8-20절). 이것은 야곱 자신이 형 에서보다 더 큰 축복을 받았던 때를(27장) 떠올린 데서 나온 행위로 보인다.

야곱은 자신이 죽으면 하나님께서 요셉과 함께하시어 그를 조상의 땅으로 데리고 가실 것인데(21절), 거기서 자신이 칼과 활로 아모리인들로부터 빼앗은 땅을 요셉에게 다른 형제들보다 한 분깃 더 줄 것이라고 말했다. 『**내가 너에게 네 형제들보다 한 분깃을 더 주었나니, 이는 내가 내 칼로 또 활로 아모리인의 손에서 빼앗은 것이니라**』(22절).

야곱의 최후의 유언과 마지막 약속(49:1-33)

1. 야곱은 아들들을 불러 마지막 날들에 그들에게 닥칠 일을 예언했다(1,2절).

1) "**르우벤**"(3,4절) - **르우벤은 야곱의 장자요 능력이며 그의 힘의 시작이지**

> 100. 참된 증인은 그리스도의 모든 말씀을 증거함(창 45:27 vs. 행 20:27)
> 101. 위대한 잔치에 오도록 초청함(창 45:27 vs. 마 22:1-14)
> 102. 죽기 전에 수를 봄(창 45:28 vs. 눅 2:26)
> 103. 백성을 맞이하러 나옴(창 46:29 vs. 살전 4:13-18)

만, 그 위엄이 탁월하고 능력이 탁월했던 장자가 물처럼 불안정해서 아버지의 첩과 간음함으로써(35:22) 탁월함을 잃게 된다. 르우벤이 받을 물질적인 복은 요셉에게 넘어갔고(49:22,25,26), 제사장의 복은 레위에게 넘어갔다. 왕으로서 누릴 영예는 유다에게 넘어갔다(49:10). 이로써 르우벤에게는 아무것도 남은 것이 없게 되었다. 사람은 그가 무엇을 심든지 그대로 거두는 법이다. 르우벤은 젊은 시절에 방탕을 심었고 그 열매를 거두고 말았다.

2) "**시므온**"과 "**레위**"(5-7절) - **이 두 형제는 디나가 강간당한 것에 분노하여 "잔인한 도구"로서 사람들을 살해한 전적이 있는데(35:25), 그 일로 저주를 받게 된다**. 『**내가 그들을 야곱 가운데서 나누며, 이스라엘 가운데서 흩으리라**』(7절). 시므온은 열두 지파 중 가장 작은 지파가 되고(민 26:14), 유다 지파 근처의 약간의 분깃 안에서 몇 개의 성읍만 받게 된다(수 19:1-9).

레위는 아무런 유업을 받지 못했고, 다만 민수기 25:1-18에서 피느하스가 보인 행동으로 인해 신명기 33:8에서 복의 대열에 합류할 수 있었다. 레위인들은 이스라엘 전역으로 흩어졌으니(판 17:7-9; 19:1,2), 이로써 야곱의 예언이 이루어졌다.

3) "**유다**"(8-12절) - 유다("찬양")는 그의 형제들에게서 찬양을 받게 되며, 그의 손이 그의 원수들의 목을 잡을 것이고 그의 아비의 아들들이 그의 앞에서

104. 주님의 백성은 세상 사람에게 가증스럽게 여겨짐(창 46:34 vs. 요 16:1-6)
105. 부지런한 자에게 보상하심(창 47:5,6 vs. 히 6:10; 11:6)
106. 그분의 백성을 왕께 소개하고 인도함(창 47:7 vs. 벧전 3:18)
107. 백성들을 땅에 정착시킴(창 47:11 vs. 렘 24:6, 암 9:15)

절하게 된다(8절). 물론 이것은 『**유다 지파의 사자**』(계 5:5)이신 예수 그리스도에 관한 예언이다. 메시아께서 나오실 유다는 몸을 웅크리고 구부린 사자 같아서 아무도 그를 건드릴 수 없다(9절). "실로"(메시아)가 오실 때까지 그 지파에 홀(왕권)이 이어지고 백성들이 모일 것이다(10절). 『**그에게 백성의 모임이 있을지어다.**』(10절)라는 예언은 첫째, 십자가 사건에서 성취되었고(요 12:32), 둘째, 교회의 부르심에서 성취되었으며(행 15:14), 셋째, 이스라엘의 회복에서 성취될 것이고(겔 40-48장, 롬 11:24-28), 넷째, 이방 민족들의 회심에서 성취될 것이다(행 15:17, 사 11:1-11; 2:1-5).

유다에 관한 야곱의 예언에는 예수 그리스도의 초림과 재림이 들어 있다. 『**그의 어린 나귀를 포도나무에 매고 그의 나귀 새끼를 선별한 포도나무에 매며**[초림, cf. 슥 9:9, 마 21:5], **그의 옷들을 포도주로 빨고 그의 의복을 포도의 피로 빨았도다**[재림, cf. 사 63:1-3, 계 19:13,15]. **그의 눈은 포도주로 붉을 것이며 그의 이는 젖으로 하얗게 되리라**』(11절).

4) "스불론"(13절) - 스불론은 바다의 항구에 거하며 배들의 항구가 된다. 그의 지경은 시돈까지다. 이 점은 스불론의 분깃이 갈릴리 땅에서 페니키아 해변까지임을 보여 준다.

5) "잇사갈"(14,15절) - 잇사갈은 두 짐 사이에 구부리고 앉아 있는 강한 나

108. 백성들에게 소유를 주었음(창 47:11 vs. 계 5:10, 눅 19:12-27)
109. 백성들에게 가장 좋은 땅을 주었음(창 47:11 vs. 출 3:8,17; 13:5, 신 26:9)
110. 백성들을 양식으로 부양하고 생명을 보존함(창 47:12 vs. 요 6:5-69)
111. 땅을 샀음(창 47:20,23 vs. 마 13:43,44)

귀로서, 그는 쉼을 좋게 여기고 땅을 보고 기쁘게 여기며 그의 어깨를 낮춰 짐을 지고 『**조공에 종**』이 된다. 이 점은 잇사갈이 강한 나귀처럼 짐을 잘 지지만, 때로는 돈을 벌기 위해 타협한다는 사실을 보여 준다.

6) "**단**"(16-18절) - 단("심판")은 자기 백성을 심판하는 지파로서, 『**길가에 뱀**』이요 『**작은 길에 독사**』가 되어 말의 뒷굽을 물어 말 탄 자를 뒤로 떨어지게 한다. **단은 뱀과 독사로서 사탄과 관련된 지파이며, 그들은 긴 제의를 입은 "아버지들"과 더불어 배교에 들어가 버린 첫 번째 지파였다(판 17,18장)**. 예배 보조 가구로 형상들(우상들)을 사용했던 단 지파는 시돈과 가까운 라이스로 이동함으로써(판 18:27-31) 페니키아 종교와 알파벳을 받아들여 일종의 페니키아인이 되어 버린다.

오늘날 단의 "종교"는 스페인, 이탈리아, 브라질, 아르헨티나, 베네수엘라, 콜롬비아, 쿠바 그리고 우루과이 등의 공식 종교가 되었다. **야곱이 단과 관련하여 『오 주여, 내가 주의 구원을 기다렸나이다.』(18절)라고 한 이유는, 단이 대환란 때의 적그리스도와 관련된 지파이고, 야곱의 후손들이 그 대환란 때 구원을 받아야 하기 때문이다(마 24:13)**.

7) "**갓**"(19절) - 갓은 군대가 그를 압도하겠으나 마지막에는 그가 압도할 것이다. 이것은 갓 지파가 처음에는 어려움을 겪을 것이나 나중에는 잘 풀려 갈 것임을 보여 준다.

112. 씨를 뿌리는 자에게 공급하심(창 47:23 vs. 고후 9:10)
113. 생명을 구원함(창 47:25; 50:20 vs. 마 1:21; 18:11, 눅 9:56)
114. 은혜를 베풂(창 47:25,29 vs. 요 1:17, 롬 16:20)
115. 종들로 삼음(창 47:25 vs. 갈 1:10, 엡 6:6)

8) "**아셀**"(20절) - 아셀은 기름진 음식과 왕에게 바치는 진찬과 관련된 지파이다. 한마디로 말해서 미래에 부유하고 번성하며 왕을 위한 비싼 음식을 생산하는 지파가 될 것이다.

9) "**납탈리**"(21절) - 납탈리는 풀린 암사슴이요 아름다운 말들을 하는 지파이다. 납탈리의 "아름다운 말들"은 재판관기 4:10과 5:12에 나와 있고, 이것은 분명 예수 그리스도의 초림과 재림을 언급하는 것이다. 그러나 납탈리에 의해 발설된 "아름다운 말 중의 가장 아름다운 말"은 마태복음 4:13-17에서 발견된다. 왜냐하면 주 예수 그리스도께서 지상 사역을 시작한 곳이 바로(마 4:17) 이 납탈리 지경이기 때문이다.

10) "**요셉**"(22-26절) - 요셉에 관한 예언은 그의 인생을 보여 준다. ❶ 『**요셉은 열매가 많은 큰 가지니, 곧 샘 곁에 열매가 많은 큰 가지라. 그 가지가 담을 넘어 뻗치는도다.**』(22절) - **요셉은 열매 맺는 성도를 영적으로 예표한다** ❷ 『**활 쏘는 자들이 그를 몹시 괴롭히고 그에게 활을 쏘며 그를 미워하였으나, 요셉의 활이 더욱 강하고 그의 손의 팔이 야곱의 능하신 하나님의 손을 통해 강해졌으니, (거기에서 목자, 곧 이스라엘의 돌이 나오도다.)**』(22,23절) - **열매 맺는 성도는 박해를 받지만, 결국은 하나님의 손을 통해 승리하게 된다.** 야곱에게서 나오는 『**목자, 곧 이스라엘의 돌**』은 선한 목자이시자(요 10장) 돌이신(마 21:44) 예수 그리스도를 가리킨다. ❸ 『**곧 네 아비의 하나님으로 말미**

116. 유업을 줌(창 47:26 vs. 골 3:24)
117. 친절하고 진실함(창 47:29 vs. 갈 5:22, 약 3:17, 계 19:11)
118. 아버지의 말씀대로 행함(창 47:30 vs. 눅 22:42)
119. 열매를 맺음(창 49:22 vs. 요 12:24)

암나니 그분이 너를 도우실 것이요, 전능하신 분으로 말미암나니 그분이 너를 하늘 위의 복과 아래에 놓여 있는 깊음의 복과 젖가슴의 복과 태의 복으로 너에게 복 주시리라.』(25절) - **요셉과 같은 성도는 전능하신 분으로부터 복을 받게 된다**. ❹ **『네 아비의 복들이 내 선조들의 복들보다 더 나아서 영원한 산들의 정상의 한계에까지 이르렀도다. 복들이 그의 형제들에게서 분리된 요셉의 머리 위에 있으리니 그의 정수리 위에 있으리라.』**(26절) - **야곱이 요셉에게 주고자 하는 복은 아브라함과 이삭이 야곱에게 주었던 복보다 더 낫다**. 그 복들은, 형제들에게서 분리되어 유혹에 저항하다가(창 39장) 감옥에서 살았고(창 40장), 자신의 주장을 내세우기보다 하나님께서 자기를 드높이시기를 기다렸고(창 40장), 하나님의 말씀을 다른 것과 타협하기를 거부했고(창 41장), 다른 사람들을 마음으로부터 용서했으며(창 45:15), 통치자로 군림할 때 백성들을 이용해 사익을 취하기를 거부했던(창 47:13-26) 요셉의 머리 위에 있게 될 것이다.

11) "**베냐민**"(27절) - 베냐민은 늑대같이 먹이를 찾아 나설 것이고, 아침에 먹이를 삼키고 밤에는 약탈물을 나눌 것이다. 에훗, 타소 출신 사울, 사울 왕 등이 모두 이 지파 출신이었으며, 베냐민은 다른 열한 지파들보다 전쟁에 월등했다. 한 지파가(판 20:13,14) 두 번에 걸친 큰 전쟁에서(판 20:21,25) 나머지 열한 지파를 혼내 준 적이 있는 것이다. "먹이를 찾아 나선 늑대"라는 표현은 전혀 과장된 것이 아니다.

『이들 모두는 이스라엘의 열두 지파들이라. 이것이 그들의 아비가 그들에게 말한 것이며, 그들에게 축복한 것이라. 각인을 각자의 축복에 따라 야곱이 축복하였더라』(28절).

2. 야곱의 마지막 요청

야곱은 자기가 죽으면 카나안 땅으로 돌아가 그곳에서 첫째 아내 레아 곁에 묻어 달라고 요청한다(31절). 이것은 야곱의 생애에서 하나님께 대한 완전한 순복을 보여 주는 최종적인 결단 중 하나이다. 그는 분명 사랑했던 라헬 곁에 묻히고 싶었을 테지만, 첫째 아내이기에 아내로서 우선권이 있는 레아 곁에 묻힐 것을 결단한 것이다(28-33절).

■ 새롭게 깨달았거나 적용할 내용이 있다면 적어 보세요. ■

제5과 복습문제

1. 야곱이 이집트의 파라오 앞에서도 굽실거리거나 위축되지 않았다는 점은 야곱이 더 이상 이전의 그 야곱이 아니라는 점을 보여 준다. (O , X)

2. 야곱의 "짧고 (   )한 세월"은 자기 스스로 인생을 제멋대로 계획하는 성도가 겪게 되는 (   )한 여정을 보여 준다. 빈칸에 공통된 표현을 쓰시오.

3. 요셉은 자기에게 땅을 판 백성들에게 씨앗을 공급하여 그 땅에 뿌리도록 했다. 요셉은 씨 뿌리는 자에게 (   )를 공급하시는 예수 그리스도를 예표한다.

4. 야곱은 지팡이를 향해 경배했다. (O , X)

5. 젊은 시절 방탕했던 르우벤의 장자권은 (   )에게로 넘어갔다.

6. 유다는 유다 지파의 (   )이신 예수 그리스도께서 나오실 지파이다.

7. 뱀과 독사인 단은 대환란 때의 (   )와 관련된 지파이다.

■ 복습 문제의 정답은 홈페이지(www.solomonbtc.org)에서 확인할 수 있습니다.

NOTES

NOTES

제6과
요셉의 죽음과 뼈(50장)

『그리하여 요셉이 일백십 세가 되어 죽으니 그들이 그에게 향 재료를 넣고, 그를 이집트에서 관에 넣었더라』(창 50:26).

야곱을 염하는 요셉(1-6절)

『요셉이 그의 아비의 얼굴에 엎드려 그 위에서 울며 그에게 입맞추더라. 요셉이 그의 신하 의사들에게 명하여 그의 아비에게 향 재료를 넣게 하였더니 그 의사들이 이스라엘에게 향 재료를 넣었는데 그를 위해 사십 일이 걸렸으니 향료를 넣는데 그 날들이 그렇게 걸렸더라. 또 이집트인들이 그를 위하여 칠십 일을 곡하였더라』(1-3절).

요셉은 죽은 아비 야곱에게 입 맞추고 염을 했다. **창세기는 암울하고 부정적인 상황으로 끝나고 있다**. 성경은 인간에 관해 하향 곡선을 그린다. 요셉이 아버지의 시체에 입을 맞추었을 때, 그는 『**네가 거기서 나는 것을 먹는 날에는 반드시 죽으리라.**』(창 2:17)라는 하나님의 말씀을 상기하지 않을 수 없었을 것이다. 이집트의 의사들이 향을 가지고 방부 처리를 했는데(2절), 방부처리 과정은 뇌 제거, 내장 제거 그리고 톱밥, 나뭇잎, 천 조각 등을 시신에 채워 넣기, 방부 처리 등이 있다.

70일 동안의 곡이 끝나고 요셉은 파라오에게 "아버지 야곱의 유언"을 실행할 수 있게 해 달라고 요청했다. 『**곡하는 날들이 지나자 요셉이 파라오의 집에 고**

120. 샘 곁에 열매가 많고 담을 넘어 뻗치는 가지(창 49:22 vs. 요 15:1-5, 갈 5:22)
121. 활과 화살(창 49:24 vs. 시 38:2; 77:17; 144:6, 합 3:11)
122. 강한 팔(창 49:24 vs. 시 89:10, 렘 21:5)
123. 목자(창 49:24 vs. 요 10:11,14)

하여 말하기를 "내가 지금 당신들의 눈에 호의를 입었으면, 내가 당신들에게 청하오니 파라오의 귀에 고하여 말하되 '내 아버지께서 나로 맹세하게 하여 말하기를, 보라, 내가 죽거든 카나안 땅에 내가 파 놓은 내 무덤에다 장사하라 하셨으므로, 간구하오니 이제 나로 올라가서 내 아버지를 장사하게 하소서. 그리고 나서 내가 다시 오리이다.' 하라." 하니』(4,5절). 이에 파라오는 『**그가 네게 맹세케 했던 대로 올라가서 네 아비를 장사하라.**』(6절)며 허락했다.

『요셉이 자기 아비를 장사하러 올라가는데 그와 함께 파라오의 모든 신하들과 파라오 집의 장로들과 이집트 땅의 모든 장로들과 요셉의 온 집과 그의 형제들과 그의 아비의 집이 올라가더라. 다만, 그들의 어린 것들과 그들의 양떼와 소떼만 고센 땅에 남겨 두었더라. 병거들과 기병대가 그와 함께 올라가니 굉장히 큰 무리더라』(7-9절).

야곱을 카나안 땅에 장사하는 요셉(7-13절)

거대한 장례 행렬이 이집트를 떠나 카나안을 향했는데, 이것은 모세가 이스라엘 민족을 출애굽시킬 때와 달랐다(출 10:9). 이때는 그들의 가축과 아이들

124. 돌(창 49:24 vs. 단 2:34,35,45, 벧전 2:4,7)
125. 하나님의 도움을 받음(창 49:25 vs. 사 50:7,8)
126. 복을 받았음(창 49:25,26 vs. 행 2:26,27,31, 엡 1:3, 딤전 6:15)
127. 분리됨(창 49:26 vs. 히 7:26)

을 이집트에 남겨 두었는데(8절), 이는 출애굽할 상황이 아직 이르지 않았기 때문이다.

야곱의 장례에 대한 카나안인들의 반응은 10-13절에 나온다. 10,11절을 보면 『**그들이 요단 건너편 아탓의 타작마당에 이르러 거기에서 몹시 비통하게 애곡하였으며 요셉이 그의 아비를 위하여 칠 일 동안을 곡하더라. 그 땅의 거민들인 카나안인들이 아탓 마당의 애곡을 보고 말하기를 "이것은 이집트인들의 슬픈 애곡이라." 하더라. 그 때문에 그곳의 이름을 아벨미스라임이라 하였으니 그곳은 요단 건너편이더라.**』라고 말씀하고 있다. **여기서 카나안인들이 "애곡"을 보았다고 했는데(아벨미스라임 = 이집트인의 애곡), 성경에서 "카나안인들"은 거의 항상 요단강 서쪽 지역에 살고 있던 이방인들을 가리킨다**. 11절의 "요단 건너편"은 요단강 서편을 가리킨다(신 3:20,25). 요셉 때 이집트인들의 애곡을 지켜본 카나안인들을, 학자들은 요단 동편 사람들로 오해하지만, 야곱의 유언을(창 49:29,30) 고려해 볼 때 그들은 요단 서편 땅의 카나안인들임이 분명하다. 또한 장례 행렬은 민수기 33:5-48에 나오는 출애굽 여정을 따라서 동쪽으로부터 카나안으로 들어왔을 수 있고, 아니면 서쪽 해변 길을 따라 올라갔거나 술 광야를 통과하는 길을 택했을 것이다. 어쨌든 야곱의 장례 행렬은 목적지에 도달했고(13절), 야곱은 막펠라 들의 굴에 장사되었다.

요셉이 형제들에게 베푼 친절(14-21절)

『요셉이 그들에게 말하기를 "두려워 마소서, 내가 하나님의 자리에 있나이까? 당신들은 나에 대하여 악을 계획했을지라도 하나님께서는 그것을 선으로 계획하시어서 오늘과 같이 많은 백성을 살도록 구원하시려 하셨으니, 그러므로 이제 당신들은 두려워 마소서. 내가 당신들과 당신들의 어린 것들을 양육하리이다." 하고, 그가 그들을 위로하며 그들에게 다정하게 말하더라』(19-21절).

형제들은 요셉을 두려워했다(14-18절). 요셉은 야곱을 장사하고 이제 이집트로 돌아왔지만, 요셉의 형제들은 불안하기만 했다(15절). 그들은 결국 야곱이 죽었으므로 요셉이 자기들에게 보복을 할 것이라는 확신을 가졌는데, 이에 아버지 야곱의 유언을 빙자해서 심부름꾼을 보내어 요셉에게 용서를 구했다(17절). 그러나 요셉은 이미 에베소서 4:32의 말씀에 순종한 지 오래다. 『**너희는 서로 친절하고 다정다감하며 서로 용서하되 하나님께서 그리스도를 위하여 너희를 용서하신 것같이 하라**』(엡 4:32). 또한 요셉 자신이 예표하고 있는 예수 그리스도의 가르침은 어떠한가? 『**그때 베드로가 주께 와서 말씀드리기를 "주여, 내 형제가 내게 죄를 지으면 몇 번이나 그를 용서해 주어야 하리이까? 일곱 번까지 하리이까?"라고 하니, 예수께서 그에게 말씀하시기를 "나는 너에게 일곱 번까지라고 말하지 않고, 일흔 번씩 일곱 번까지라고 하노라**』(마 18:21,22). 따라서 요셉은 형들의 가련한 요청을 들었을 때, 형들의 깨닫지 못함과 불신으로 인해 울 수밖에 없었다. 왜냐하면 그는 이미 그들을 용서했기 때문이다.

따라서 요셉은 형제들을 안심시켰다(19-21절). 형들은 야곱이 에서와의 문제를 해결했던 그 모습 그대로 요셉과의 문제를 해결 본 것이다(33:3,4). 하나님께서는 형들이 요셉에게 요청하기 전에 이미 요셉의 마음을 풀어 놓으셨다. 창세기 50:16의 요청이 전달된 직후 요셉의 형들은 요셉을 찾아와 엎드려 절을 올렸는데(18절), 이때 요셉이 형들에게 한 말은 예수님께서 다락방에 있던 제자들에게 하신 말씀과 같았다(눅 24:36-40, 요 20:19,20). **『이제 당신들은 두려워 마소서』**(50:19). 요셉은 모든 사건을 로마서 8:28과 시편 76:10에 근거해 설명한 후(20절) "그들을 위로하며 그들에게 다정하게" 말했다(21절). **요셉의 경우에서 보듯이 성도에게 일어나는 모든 일은 합력하여 "선"을 이룬다**.

창세기 50장에서도 요셉이 예수 그리스도를 예표하는 내용이 여럿 등장하는데, 특히 "요셉의 뼈"가 그렇다. 요셉은 예수님처럼 이집트(세상)에서 자기 뼈를 가지고 올라갔다(창 50:25). 만약 예수님의 뼈가 단 하나라도 이 세상에 남아 있다면, 성경 전체가 가치가 없는 종잇조각이 되고 말 것이다. 세상 종교들은 그들의 종교 창시자나 지도자의 뼈가 발견된다 해도 그들의 가르침이나 추종자나 사상이나 이상이나 "경전"이나 그 사람의 계명 등이 조금도 손상되지 않는다. 그러나 예수 그리스도의 뼈가 하나라도 발견되면, 신약성경은 그 전체가 아무짝에도 소용없는 휴지 조각이 되어 버린다. 이 세상의 그 누구보다 지적으로 뛰어났고 영적으로 분별력을 갖추었던 바울은 예수 그리스도께서 육체적으로 부활하시지 않았더라면 기독교의 모든 설교와 소망과 메시지와 삶이 전부 헛될 것이라고 단언했다(고전 15:9-24).

128. 이집트(세상의 예표)로 돌아감(창 50:5,14 vs. 요 14:3, 행 1:11, 계 19,20장)
129. 어린 것들을 남겨 둠(창 50:8 vs. 요 14:18)
130. 울었음(창 50:17 vs. 요 11:35)
131. 값없이 용서했음(창 50:17 vs. 눅 23:34)

요셉의 말년과 유언(22-26절)

> 『요셉이 그의 형제들에게 말하기를 "나는 죽으나 하나님께서 반드시 당신들을 찾아오시고, 당신들을 이 땅에서 아브라함과 이삭과 야곱에게 맹세하신 그 땅으로 인도하시리라." 하고 요셉이 이스라엘 자손들에게 맹세시켜 말하기를 "하나님께서 반드시 너희를 찾아오시리니, 너희는 여기서 내 뼈들을 옮겨 가야 하리라." 하였더라』(24,25절).

일백십 세까지 살았던 요셉은 증손자들까지 보았고(22,23절) 자신의 뼈들을 이집트에서 카나안 땅으로 옮겨 가라고 유언한 뒤 장사되었다(24-26절). **이렇게 해서 창세기는 『이집트에서 관에 넣었더라.』라는 말씀으로 끝을 맺는다.** **『그리하여 요셉이 일백십 세가 되어 죽으니 그들이 그에게 향 재료를 넣고, 그를 이집트에서 관에 넣었더라』**(26절). **파라오의 이집트, 곧 "마귀가 다스리는 세상"에 대한 주님의 관점은 "관," 곧 "죽음"인 것이다(시 23:4, 히 2:14). 요셉은 자기 백성이 언젠가 출애굽할 것을 알고 있었고(15:14; 50:25), 그의 뼈들을 이집트에서 옮겨 가야 한다는 그의 유언은 출애굽기 13:19에서 모세에 의해 실행되었다.** 모세는 요셉의 뼈들이 있는 곳을 알고 있었을 것이고, 어느 화려한 석관에 놓여 있었을 뼈들을 가지고서 출애굽했던 것이다.

132. 두려워 말라(창 50:19,21 vs. 요 6:20; 14:27)
133. 듣는 대로 심판하시고, 또 심판하러 오시지 않았음(창 50:19 vs. 요 5:30; 12:47)
134. 하나님에 의해 선한 목적에 쓰임을 받았음(창 50:20 vs. 눅 23:34)

135. 백성을 위로하고 다정하게 말함(창 50:21 vs. 사 40:1; 66:13, 눅 2:25)

136. 이집트에서 자기 뼈를 가지고 올라갔음(창 50:25, 출 13:19, 수 24:32 vs. 마 28:6)

137. 죽음과 부활(창 50:25,26 vs. 롬 4:25, 고전 15:3-5)

138. 장자권을 지닌 요셉과 첫태생(장자)이신 예수 그리스도(대상 5:1 vs. 마 1:25, 눅 2:23)

139. 열두 지파와 열두 제자(창 49:28 vs. 마 10:1)

140. 왕의 별(창 37:9 vs. 민 24:17, 마 2:2)

■ 새롭게 깨달았거나 적용할 내용이 있다면 적어 보세요. ■

제6과
복습문제

1. 야곱은 자신이 죽으면 (   ) 땅에 파 놓은 자기 무덤에 장사하라고 요셉에게 요구했다.

2. 요셉이 이집트로부터 올라가 아버지 야곱을 장사 지낸 "요단 건너편"은 요단강 (동 , 서) 편을 가리킨다.

3. 요셉의 경우에서 보듯이 성도에게 일어나는 모든 일은 합력하여 (   )을 이룬다.

4. 만약 예수님의 (   )가 단 하나라도 이 세상에 남아 있다면, 성경 전체는 가치가 없는 종잇조각이 되고 만다.

5. 창세기는 『이집트에서 (   )에 넣었더라.』라는 말씀으로 끝을 맺는다.

6. 파라오의 이집트, 곧 "마귀가 다스리는 세상"에 대한 주님의 관점은 관, 곧 "(   )"이다.

■ 복습 문제의 정답은 홈페이지(www.solomonbtc.org)에서 확인할 수 있습니다.

NOTES

복습 문제 정답

제1과

1. 요셉
2. 왕권
3. ×
4. 모세
5. ×

제2과

1. 하나님
2. ×
3. 하나님
4. 3일
5. 주의 만찬

제3과

1. O
2. 예수 그리스도
3. 정탐꾼
4. O
5. O

제4과

1. O
2. 제사장
3. O
4. O

제5과

1. O
2. 험악
3. 씨
4. ×
5. 요셉
6. 사자
7. 적그리스도

제6과

1. 카나안
2. 서
3. 선
4. 뼈
5. 관
6. 죽음

< 추 천 도 서 >

창세기 II

피터 S. 럭크만 지음 / 568쪽
25,000원(eBook 7,900원)

본 주석서는 하늘들과 땅과 인간, 죄, 구속, 인종, 언약들의 기원 및 예수 그리스도와 적그리스도의 예표 등 창세기에 나타난 성경의 진리들을 유감없이 보여 준다.

창세기에 나타난 그리스도의 초상화들

M. R. 디한 지음 / 264쪽
7,000원(eBook 4,900원)

이 책은 창세기에 그리스도의 모습이 얼마나 다양하게 나타나 있는가를 잘 보여 준다. 우리는 그 모습을 보면서 주님을 더 사랑할 수 있을 것이다.

성경지도

편집부 지음 / 112쪽 / 15,000원

이 책 한 권으로 성경의 지리들을 이해함과 동시에, 구약과 신약에 있어 개론적으로 알아야 할 모든 것들을 이해할 수 있게 된다.

세대적 진리

클라렌스 라킨 지음 / 322쪽 / 32,000원

1920년에 출간된 이 책은 세대주의 연구의 기초가 되는 책으로 클라렌스 라킨의 역작이며, 성경을 연구하는 모든 그리스도인들의 필독서이다.

■ 서울솔로몬학교 성경연수원 ■

『네가 진리의 말씀을 올바로 나누어 자신이 하나님 앞에 부끄럽지 않은 일꾼으로 인정받도록 공부하라』(디모데후서 2:15). 오늘날 하나님께서 원하시는 일꾼이 제대로 길러지지 않는 이유는 성경을 공부하지 않기 때문입니다. 본 연수원은 이 나라 교회들이 복음도 제대로 전하지 않고 성경도 체계적으로 가르치지 않는 것을 보고서 하나님의 유능한 인재를 양성하기 위해 아래의 교육과정을 개설했습니다.

▶ **<킹제임스성경신학교> 교수진의 정선된 강의와 수준 높은 성경공부 교재로 성경을 쉽고 정확하게 배울 수 있습니다.**

▶ **본 과정을 이수하면 수료증이 수여되고 <킹제임스성경신학교> 2학년으로 편입할 수 있습니다.**

1. 모집 대상 : 성경을 공부하기 원하는 남녀노소
2. 교육 기간 : 1박 2일(합숙 가능, 금요일 오후 7시 입소, 토요일 오후 4시 퇴소),
   1일 특강(토요일 오전 10시 입소, 오후 4시 퇴소)
3. 참 가 비 : 8만 원(교재 및 숙식비 포함)
4. 교육 과정

1) 단기 성경연수 과정(1박 2일, 1일 특강)

요한계시록	로마서	마태복음	요한복음	다니엘
사도행전	히브리서	야고보서	베드로전후서	에스겔
갈라디아서	에베소서	빌립보서	골로새서	이사야
고린도전후서	목회서신	창세기	출애굽기	소선지서
데살로니가전후서	여호수아	재판관기	사무엘상하	열왕기상하
성경의 비유들	세대주의	이단연구	적그리스도	이스라엘

2) 주일학교 성경교사 자격증반(1박 2일, 매월 1회 총 12주 과정)

3) 한글킹제임스성경 통독교실(1박 2일)

4) 크리스찬 청소년 리더십 캠프(2박 3일)

5) 크리스찬 청소년 음악 캠프(2박 3일)

www.solomonbtc.org

강화도에 위치한 본 연수원은 동쪽으로는 바다, 서쪽으로는 길상산, 북쪽으로는 호수와 넓은 들이 펼쳐져 있는 최상의 휴식처로서, 등산, 낚시, 트레킹을 할 수 있고, 일 천 그루의 잣나무 숲에서 성경을 공부하고 기도하며 쉴 수 있는 최적의 환경입니다. 남녀 생활관에서 합숙이 가능하며, 가족 동반 시 게스트하우스(콘도형 빌라)를 이용할 수 있습니다. 초지대교에서 좌회전 후 4분 거리에 있으며, 지하철 5호선 방화역에서 셔틀 차량이 운행됩니다. 인천광역시 강화군 길상면 장흥로 29-6 / (02) 2665-3743

솔로몬 성경공부 시리즈

창세기

제5권 예수 그리스도의 위대한 예표 요셉(36-50장)

초판인쇄 2023년 2월 22일
초판발행 2023년 2월 24일
지 은 이 / 편 집 부
발 행 인 / 박 승 용
발 행 처 / 말씀보존학회
출판등록 / 제409-2022-000036호
주 소 / 서울 강서우체국 사서함 제90호
전 화 / (02) 2665 - 3743
팩 스 / (02) 2665 - 3302
인 터 넷 / www.biblemaster.co.kr

값 10,000 원